DATE DUE	
MAY 1 7 2004	
AUG 3 1 2005	
SEP 21 2005	

GAYLORD   PRINTED IN U.S.A.

Místico de la libertad

Francisco I.
Madero

9.99

TEZONTLE

Místico de la libertad

Francisco I.
Madero

Enrique Krauze

Investigación iconográfica:
Aurelio de los Reyes

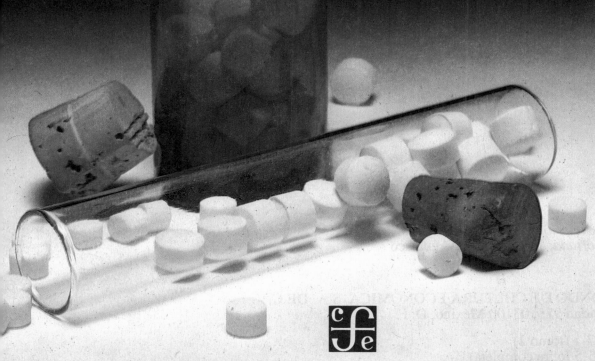

Biografía del poder / 2
FONDO DE CULTURA ECONÓMICA

Primera edición,   1987
Tercera reimpresión,   1992

Agradezco la ayuda de las siguientes personas:
María Teresa Alarcón, Patricia Arias, Aurelio
Asiáin, Federico Barrera Fuentes, Florencio
Barrera Fuentes, Rafael Carranza, Adolfo
Castañón, Julio Derbez, Lila Díaz, Javier García-
Diego, Renée González, Moisés González Navarro,
Luis González y González, Julio Gutiérrez, Alicia
Hernández, Juan Carlos Ibarra, Alberto Isaac,
Jaime Kuri, Valentín López, Josefina Moguel,
Laura Martínez, Guillermo Montaño, José
Antonio Nava, Norma Ogarrio, Margarita de
Orellana, Guadalupe Pacheco, Hortensia
Torreblanca, Eduardo Turrent, Fausto Zerón-
Medina y Mercedes Zirión de Bueno.

Diseño, portadas e interiores: Germán Montalvo
Fotografía de la portada: Jorge Pablo de Aguinaco

ISBN 968-16-2287-1 (tomo 2)
ISBN 968-16-2285-5 (obra completa)
ISBN 968-16-2781-4 (edición de lujo)

Impreso en México

Fundador

LA SAGA de los Madero empezó con la vida y obras de Evaristo, hijo del agrimensor José Francisco Madero, descendiente de españoles nacido en 1775 que a raíz de la Independencia se había hecho de buenas propiedades como habilitador de tierras en la región de Coahuila y Texas. Al morir de cólera el padre en 1833, Evaristo tenía cinco años. Su infancia transcurre en su natal Río Grande, Coahuila. Muy joven se inicia como ranchero y comerciante. A los 19 años se casa con Rafaela Hernández Lombraña, rica heredera de Monterrey, con quien procrearía siete hijos, el mayor de los cuales, nacido en 1849, se llamaría Francisco. En 1852 Evaristo muda su residencia a Monterrey, donde prospera su negocio de transportes. En los años sesenta aprovecha las carencias del mercado resultantes de la Guerra de Secesión y exporta algodón. En la década siguiente, casado en segundas nupcias con la joven Manuela Farías —Rafaela había muerto en 1870— Evaristo aúna ya a sus empresas de transporte la hacienda El Rosario, la

1. Evaristo I.
2. Pisca en sus propiedades.

fábrica de telas La Estrella y la hacienda de San Lorenzo, en la que florecen antiguos viñedos. La vieja casa de Urdiñola en Parras, erigida en 1593, se agrega también a su patrimonio.

En 1880, ya notablemente rico, a Madero lo eligen gobernador de su estado. Su gestión duró tres años —casi los mismos del presidente Manuel González— y es memorable por varios hechos: impulsó la construcción de vías férreas y la educación, inauguró una nueva penitenciaría y un orfanatorio, combatió las alcabalas, abrió la zona carbonera de Monclova y Río Grande. Aunque quiso fortalecer el Ayuntamiento, que en sus palabras era "baluarte de la soberanía popular (...) libro rudimentario de la democracia", la nueva constitución estatal que promulgó en 1882 tuvo rasgos centralistas. En 1883 se opone a la reelección de Díaz y renuncia a su cargo, abriendo un periodo de inestabilidad en la entidad que no concluiría parcialmente hasta fines de la década.

Separado de la política y distanciado del Presidente, don Evaristo inicia otras empresas que con los años integrarían un auténtico emporio. Alrededor del núcleo principal de la Compañía Industrial de Parras —vitivinícola, algodonera, textil— y del negocio original de transportes, creó explotaciones mineras, molinos en Saltillo, el Golfo, Monterrey, Sonora y Yucatán; establecimientos ganaderos, el Banco de Nuevo León, la Compañía Carbonífera de Sabinas, la Guayulera de Coahuila, la fundidora de metales de Torreón y varias otras. En sus dominios de principios de siglo no se ponía el sol.

Don Porfirio nunca vio con buenos ojos la hazaña de aquel norteño casi coetáneo suyo que sin apoyo del centro —y muchas veces en oposición a él— había amasado una de las cinco mayores fortunas del país. Durante el trienio de su gobierno Evaristo tuvo sobre sí la

3. Producción en sus propiedades.

vigilancia permanente de agentes porfiristas, cuyo celo no menguó cuando aquél salió de la gubernatura. En 1893 estalla una rebelión de varios rancheros coahuilenses —entre ellos los hermanos de Carranza, de Cuatro Ciénegas— contra la pretensión reeleccionista del gobernador Garza Galán. Don Porfirio —no sin razón— sospecha de Madero, por lo que escribe a su procónsul del Noreste, Bernardo Reyes: "Si encuentra usted datos bastantes de probar en juicio que Madero no es extraño a lo que está pasando, asegúrelo y hágalo conducir a Monterrey. Creo que éste es el motor de todo lo que pasa."

Aquella breve rebelión concluiría con el desistimiento del gobernador a reelegirse. Madero no fue conducido a Monterrey, pero don Porfirio y su procónsul lo tuvieron siempre en la mira. Al afirmarse José Ives Limantour como mago de las finanzas porfirianas, estableció un vínculo natural con Madero que serviría a ambos para contrapesar la influencia de Reyes. Lo cierto es que al paso del tiempo el patriarca de los Madero se interesó cada vez menos en afectar la estabilidad del régimen de paz, orden y progreso que había permitido el progreso extraordinario de sus propias empresas.

En septiembre de 1908, rodeado de su vastísima familia —con su segunda mujer tuvo otros once hijos— y de sus empleados, obreros y peones, a los que había favorecido con obras tangibles, el patriarca celebró su octagésimo aniversario. En los brindis se habló de su aporte a la civilización, al trabajo y la caridad. Entre tanta felicidad, un solo pensamiento lo turbaba: diz que bajo la mirada tutelar del espíritu de Benito Juárez, Francisco, su nieto mayor e hijo de su primogénito, escribía un libro contra el régimen de Porfirio Díaz. Para don Evaristo aquella lucha parecía más quimérica que la de David y Goliat. Era —según pensaría tiempo después— la batalla entre "un microbio y un elefante". Sin ver la continuidad de su propia biografía política en la de su nieto, el fundador de los Madero no acertaba a comprender cómo de su mismo tronco —robusto, viril y generoso— había nacido un hombre con vocación de redentor.

4. Su nieto Panchito.
5. El emporio.

Aurora espírita

FRANCISCO IGNACIO MADERO, hijo mayor del primogénito de don Evaristo, había nacido el 30 de octubre de 1873 en la hacienda El Rosario, en Parras. Pequeño de estatura y frágil de salud, a los 12 años ingresa en el Colegio Jesuita de San José, en Saltillo, del que le quedaría una profunda huella disciplinaria y moral, a despecho de los recuerdos contradictorios que asentaría en sus *Memorias*: "Me impresionaron fuertemente sus enseñanzas (...) (pero) me hicieron conocer la religión con colores sombríos e irracionales."

Hacia 1886, luego de un breve periodo de estudios en Baltimore, emprende una larga estadía en Francia. Durante un año asiste al Liceo Versalles y posteriormente a la Escuela de Altos Estudios Comerciales, donde permanece hasta su regreso a México en 1892. En 1889 acude a la Exposición Universal en París. Tiempo después viaja por Bélgica, Holanda y Alemania. Pero no lo arroban el arte ni los países que visita sino "el descubrimiento que más ha hecho por la trascendencia de (su) vida": el espiritismo.

La doctrina basada en la existencia, las manifestaciones y enseñanzas de los espíritus había nacido a mediados del siglo en el estado de Nueva York, pero se propagó con vertiginosa rapidez en Francia gracias a su adopción por quien a la postre sería su principal profeta y fundador: Allan Kardec. Hacia 1854 había más de tres millones de espiritistas practicantes en el mundo y decenas de miles de médiums en Europa y América. Antes de morir, en 1868, Allan Kardec había escrito ya varios libros —entre otros, *Le Livre des Esprits* (1857),

ALLAN KARDEC

¿QUE ES EL ESPIRITISMO?

Introducción al conocimiento del mundo invisible por las manifestaciones de los espíritus.

Resumen de los principios de la Doctrina espiritista y las respuestas a las principales objeciones

EDITORIAL

7

8

Archivo Fotográfico
Centro de Estudios de Historia de México
Condumex

GABRIEL, ALFONSO, FRANCISCO JR. MAGDALENA, GUSTAVO, MERCEDES.
RAUL, MERCEDES G.ª EMILIO, FRANCISCO MADERO.

9

6. Los hermanos Madero.
7. Su biblia.
8. "Yo te invoco, hermano Raúl."
9. Buen bailarín, mediano flautista.

10

11

EL EVANGELIO

SEGUN

EL ESPIRITISMO

———

CONTIENE

LA EXPLICACION DE LAS MAXIMAS MORALES DE CRISTO,
SU CONCORDANCIA CON EL ESPIRITISMO Y SU APLICACION
A LAS DIVERSAS POSICIONES DE LA VIDA

POR

ALLAN KARDEC

EDITADO POR:
EDITORIAL DIANA, S. A.
AV. CHAPULTEPEC 74   MEXICO. D. F.

L'Évangile selon l'espiritisme, Livre des Mediums (1864) — y fundado
la *Revue Spirite* y la Société Parisienne d'Études Spirites.

Cuando Francisco I. Madero hojea por primera vez la *Revue Spirite* —de la que su padre era suscriptor—, la nueva fe, adoptada por
hombres tan famosos como Flammarion y Víctor Hugo, se hallaba
en plena expansión. Día a día cientos de peregrinos visitaban la tumba de Kardec o seguían a su discípulo Léon Denis. El joven Madero
no tardó en apersonarse en las oficinas de la Société y adquirir la
obra de Kardec. "No leí esos libros —escribe en sus *Memorias*—: los
devoré, pues sus doctrinas tan racionales, tan bellas, tan nuevas, me
sedujeron, y desde entonces me consideré espírita."

Concurriendo a centros espíritas, Madero, inclinado desde sus
años mozos en el colegio jesuita al recogimiento espiritual, descubre
su aptitud como "médium escribiente" (lazo de los espiritus con los
seres humanos por medio de la escritura). Entre las obras que "devo-
ra" está *El libro de los médiums* de Kardec, donde aprende a desarro-
llar sus habilidades merced a arduas experimentaciones. Tras
varios intentos infructuosos, un día su mano, autónoma y tembloro-

sa, escribe: "Ama a Dios sobre todas las cosas y a tu prójimo como a ti mismo."

Más que la curiosidad por desentrañar fenómenos inexplicables como sillas que se comunican cifradamente, teteras que andan o cuadros animados, y al margen también de todo eco literario —los espíritus que pueblan la realidad y los sueños de Shakespeare o los mundos astrales de Swedenborg—, a Madero lo incita la búsqueda moral de un vínculo entre el espiritismo y los Evangelios cristianos. "Fuera de la caridad no hay salvación", había escrito Kardec. Su discípulo mexicano solía resumir de modo parecido el fondo moral de la filosofía espírita: "Para mí no cabe duda de que la transformación moral que he sufrido la debo a la 'mediumnimidad'."

A pesar de que había realizado provechosamente estudios administrativos en París, su padre y su abuelo decidieron completar la educación de Francisco con un año de estancia en Berkeley, California. Allí avanzó en su dominio del inglés y se instruyó en técnicas agrícolas, pero su aprendizaje fundamental ocurrió, de nueva cuenta, en el ámbito de lo moral y espiritual. A la sazón, en Berkeley se abría paso la "escuela progresivista" que buscaba aplicar los principios de la moralidad cristiana a los problemas sociales. No muy lejos, en Stanford, existía una Iglesia para todos los credos. Mientras que Anny Bessant revelaba entonces los misterios de la teosofía, los anarquistas de la IWW propugnaban activa y violentamente un mundo sin opresión ni desigualdad. A sus 20 años, Madero no fue indiferente a esta conjunción de espiritualidad y moral pública. Vagamente coincidía con sus revelaciones parisienses.

En 1893 se encarga de la hacienda de la familia en San Pedro de las Colonias. Hacía tiempo que había dejado de ser un hombre frágil. Además de la incipiente mediumnimidad, en Europa había adquirido notable fuerza física, grandes aptitudes como nadador y bailarín, y medianas como flautista. Ahora era jovial, nervioso, hiperactivo.

FILOSOFIA ESPIRITISA.

EL
LIBRO DE LOS ESPIRITUS
CONTIENE
LOS
PRINCIPIOS DE LA DOCTRINA ESPÍRITA

SOBRE LA INMORTALIDAD DEL ALMA
LA NATURALEZA DE LOS ESPÍRITUS, Y SUS RELACIONES CON
LOS HOMBRES, LAS LEYES MORALES, LA VIDA FUTURA
Y EL PORVENIR DE LA HUMANIDAD,

SEGUN LA ENSEÑANZA
DADA POR LOS ESPÍRITUS SUPERIORES CON EL AUXILIO
DE DIFERENTES MEDIUMS.

RECOPILADA Y PUESTA EN ORDEN
POR
ALLAN-KARDEC.

EDICION ECONOMICA.

MONTEREY.

13

INTRODUCCION

AL ESTUDIO DE LA DOCTRINA ESPÍRITA.

I

Para materias nuevas son menester nuevas palabras, por exigirlo la claridad del lenguaje, á fin de evitar la confusion que acompaña al variado sentido de unas mismas voces. Las dicciones *espiritual, espiritualista,* y *espiritualismo* tienen su acepcion bien definida; y si les diéramos otra nueva para explicar la doctrina de los espíritus, multiplicaríamos las causas de anfibología de suyo sobrado numerosas. Efectivamente, el espiritualismo es la oposicion del materialismo, pues todo aquel que cree que en su sér hay algo más que la materia, es espiritualista; pero no se sigue de aquí que crea en la existencia de los espíritus, y mucho ménos que estos se comuniquen con el mundo visible. Este es el motivo porque en vez de los términos ESPIRITUAL y ESPIRITUALISMO, para designar aquella creencia, empleamos los de *espiritista* y *espiritismo,* cuya forma recuerda el orígen y el sentido radical y por lo mismo llevan consigo la ventaja de ser perfectamente inteligibles, dejando á la voz *espiritualismo* su propia acepcion. La doctrina espírita ó el espiritismo tiene por objeto las relaciones del mundo material con los espíritus ó séres del mundo invisible. Los adeptos del espiritismo serán los espíritas ó los espiritistas.

El *Libro de los Espíritus,* como especialidad, contiene la doctrina *espiritista;* y como generalidad se aproxima á la doctrina *espiritualista,* de la cual presenta una de las faces.

16

Muy pronto introduce con buen éxito el algodón estadounidense en la región del Nazas, emprende obras de riego y convierte su coto en un modelo de pequeña propiedad. En 1899 da cuenta al *Papá* Evaristo de diversos proyectos nuevos: entre otros, una compañía jabonera, una fábrica de hielo, un despepitador, compra de acciones, atención de terrenos en Cuatro Ciénegas, arreglo de aguajes y cercas en Sierra Mojada para criar ganado cabrío. Ese mismo año promueve el establecimiento de un observatorio meteorológico cerca de la Laguna de Mayrán. Posteriormente escribiría un folleto sobre el aprovechamiento de las aguas del Nazas que le valdría la felicitación del mismísimo don Porfirio. Su capital personal, para entonces, llegaba a la respetable suma de 500 mil pesos.

Junto a su probada solvencia como administrador y empresario, desde su regreso del extranjero Francisco comenzó a desplegar una labor caritativa que sin ser ajena, por supuesto, a la tradición familiar —sobre todo la de los Madero-González—, sí lo era en los extremos místicos a que él la llevaba. De su padre y su tío Catarino Benavides aprendió la homeopatía. Desde 1896 aquellos caminos vieron muchas veces a don Panchito, botiquín en mano, visitar a sus peones para recetarles nuez vómica, belladona, calcárea carbónica y mil otras medicinas que él mismo preparaba basado en los tratados de homeopatía recomendados por don Catarino y los que él mismo se procuraba: en 1899 la compañía J. González Sucs. de la ciudad de México recibe una carta del joven Madero que solicita tres libros: *La salud de los niños, Medicina veterinaria y homeopática y Manual de la madre de familia.*

Con todo, a fin de siglo Madero juzgó que su cuidado por la comunidad era insuficiente y comenzó a discurrir nuevas ideas y fundaciones. "En la ciudad —refiere uno de sus íntimos— era de verse cómo lo asediaban los enfermos menesterosos a quienes proporcionaba alivio del dolor, consuelo de las penas y recursos pecuniarios." En su propia casa de San Pedro, donde vivía con austeridad franciscana, Madero alimentaba a cerca de 60 jóvenes. Allí fundó una especie de albergue en que ofrecía cama y comida a gente pobre. Sus trabajadores vivían en casas higiénicas, gozaban de altos salarios y eran examinados médicamente con regularidad. Junto a Sara Pérez, con quien se casaría en enero de 1903, Madero sostendría a huérfanos, becaría a estudiantes, crearía escuelas elementales y comerciales, instituciones de caridad, hospitales y comedores populares.

A principios de siglo, los negocios y la atención homeopática y social llenaban sus días pero no sus noches. En ellas estaba el secreto de su vocación. Hacía años que persistía en sus experimentos espiritistas cuando, en 1901, sintió o creyó sentir un cambio decisivo: la visita cotidiana del espíritu de su hermano Raúl, muerto en 1887 a la edad de cuatro años en un accidente dolorosísimo: había rociado sus ropas con el queroseno ardiente de una lámpara. Sobre lo verdadero o falso de la aparición de este y otros espíritus a Madero, el historiador —escéptico, en principio— no puede pronunciarse, pero tampoco necesita hacerlo. Si las revelaciones lo eran en realidad o expresaban, más bien, una proyección inconsciente del poseído, el resultado es convergente: se trata del andamiaje de creencias que Madero desarrolló sobre sí mismo y que normó su vida, independientemente de su origen astral o psicológico.

Al círculo espírita que organiza Francisco con otros cuatro amigos y parientes comienzan a acudir, según sus testimonios y además de "Raúl", almas de amigos desdichados, de tías muertas hacía años y aun de liberales legendarios recién fallecidos, como el general Mariano Escobedo. Aquellas arduas sesiones alrededor de la mesa circular de Francisco en San Pedro de las Colonias no eran excepcionales en Coahuila, tierra de sombras y desiertos en la que el paisaje tiene en sí mismo cualidades animistas. En tanto que entre el pueblo era común el saurianismo —de zahorí— con su cauda de taumaturgia, miedos y visiones, las clases elevadas, de raíz criolla y católica pero por siglos alejadas geográficamente y culturalmente del centro religioso del país, se abandonaban a nuevas vivencias místicas más acordes con la soledad física y social que los rodeaba.

A partir de aquel año de 1901, "el espíritu de Raúl" —llamémosle

17

18

17. Lo leyó de cabo a rabo.
18. El espíritu de Mariano Escobedo lo instruía.

19

también así— inculca en Francisco hábitos extremos de disciplina, abnegación y pureza, tratando siempre de ayudarlo a "dominar la materia" en favor de las "cuestiones del espíritu". Bajo aquella férula intangible Francisco se torna vegetariano y madrugador, deja de fumar y destruye sus cavas privadas. Pero los ritos de limpieza a que se somete no tienen sentido ascético sino activo. "Sólo practicando la caridad en la más amplia acepción de la palabra —escribe, a través suyo, 'Raúl'— podrás tener en este mundo la única felicidad." "Socorrer" a los demás debía ser su misión y la de su familia.

Ustedes no son dueños de las riquezas y deben darle a éstas el mejor empleo que les ordene el verdadero dueño del cual ustedes son sirvientes (...) Las únicas riquezas que tienen son las buenas obras que hacen.

Francisco podía "hacer mucho bien" a los pobres "curándolos" con sonambulismo, magnetismo y homeopatía. El espiritismo cons-

19. La fiel Sara.
20-22. Monterrey pujante, al pie de La Silla.
23. Bernardo Reyes recelaba de los Madero.

20

21

22

tituía una "poderosa palanca" para evitar que tanta gente sufriera "los tormentos del hambre y del frío". Sin dilación, Francisco intensifica entonces su cruzada de caridad, aunque invariablemente con la prevención de consultar al "espíritu" en solicitud no sólo de consejos específicos sobre la pertinencia de una cura o una medicina, sino de orientación sobre la veracidad de los sufrimientos y peticiones de los pobres que lo acosan como a un hombre-maná. El celoso "espíritu" de Raúl perfila en el alma de Francisco una ética del desprendimiento fundada en la culpa. A sus inquietudes por la posibilidad de quedarse soltero, "Raúl" le responde: "No es la falta de matrimonio una misión sino una expiación." Si se quedaba soltero sería por castigo a faltas cometidas en su vida o en encarnaciones anteriores. Hacia el mes de septiembre de 1901, en vísperas de un viaje, "Raúl" amonesta:

23

Si vas a Monterrey procura dejar a todos tus pobres con lo necesario para que vivan mientras estés ausente, pues es una crueldad que porque tú andes en Monterrey paseándote y divirtiéndote, vayan a sufrir algunos infelices de todos los horrores del hambre.

A fines de 1902 "Raúl" sugiere la invocación de otras almas. Mientras éstas llegan, el 2 de abril de 1903 el gobernador de Nuevo León, Bernardo Reyes, reprime con violencia una manifestación opositora. El joven Madero se impresiona con las noticias. Por la familia conocía ya la historia de las imposiciones políticas de Porfirio Díaz, sobre todo en el estado de Coahuila. Pero ahora la historia se hacía presente y tangible. Meses más tarde el evanescente "espíritu de Raúl" le indica otro rumbo:

Aspira a hacer bien a tus conciudadanos, haciendo tal o cual obra útil, trabajando por algún ideal elevado que venga a elevar el nivel moral de la sociedad, que venga a sacarla de la opresión, de la esclavitud y el fanatismo.

Aquélla fue, en sentido estricto, una iluminación. La vertiente más amplia de la caridad se llamaba política. "Los grandes hombres —'señalaba' el 'espíritu', premonitoriamente— derraman su sangre por la salvación de su patria." En la medida en que su recién descu-

24. Un nuevo campo de combate.
25. Aquélla fue, en sentido esctricto, una iluminación.

25

bierta vocación se perfilaba, Madero concentró sus energías en dar los primeros pasos dentro del nuevo "campo de combate". En 1904 entablaría cerrada batalla electoral en su municipio.

Un año más tarde, trazando una espiral democrática que se ensanchaba, se volvería una dinamo política en las elecciones del estado de Coahuila.

Pero no por eso abandona sus actividades espiritistas. Devotamente recibe y lee *La Aurora Espírita*, mantiene correspondencia fervorosa con "correligionarios" de varias ciudades del país, y en medio de sus negocios y afanes políticos encuentra tiempo para escribir artículos sobre temas un tanto vastos —Dios y la creación— en *La Grey Astral*.

Significativamente, no firma estos artículos con su nombre sino con el de su *alter ego*, el dubitativo príncipe del *Baghavad Gita* a quien el dios Krishna revela los secretos de la vida: Arjuna.

Elegido por la Providencia

EN LOS PRIMEROS MESES de 1905 y en vistas a su tercera reelección como gobernador del estado de Coahuila, Miguel Cárdenas confiaba al sempiterno presidente Porfirio Díaz sus preocupaciones: "Si bien los señores Madero no sacan la mano, siguen gastando dinero en algunas maniobras políticas. No juzgo remoto que el señor Madero, animado por la pasión política que le ha acometido y por los recursos pecuniarios con que cuenta, pueda promover algunas dificultades y llegar hasta el escándalo."

Tenía razón para preocuparse. Había surgido un fuerte movimiento oposicionista. El joven Madero, a quien muy pronto comenzaría a tildarse de "chiflado" y "desequilibrado", apoyaba la candidatura de Frumencio Fuentes mediante una activa organización de clubes políticos y con el financiamiento de *El Demócrata* y *El Mosco*, periódicos de opinión y sátira, respectivamente. El Presidente consultó al general Reyes si convendría encarcelar a Madero, a lo que el procónsul se negó, sugiriendo en cambio estacionar en la Región Lagunera a un buen escuadrón de caballería y persuadir al viejo Francisco de la necesidad de aquietar a su hijo. Finalmente, las elecciones se llevaron a cabo con relativa paz a mediados de septiembre. El esperado resultado, por supuesto, fue favorable al candidato oficial.

Al sobrevenir este segundo fracaso electoral en su carrera política —el primero había sido en su propio municipio de San Pedro de las Colonias en 1904—, Madero no pierde la fe: publica un manifiesto en el cual declara que la soberanía del Estado ha sido siempre "un mito" y lamenta que "el esfuerzo hubiese sido nulificado en las juntas de escrutinio por las chicanas oficiales". La derrota no lo aquieta: lo alerta. Porque presiente que la curva de su espiral democrática abarcará en unos años a la Nación entera, decide no impugnar el resultado de los comicios estatales. Por esos días escribe a su hermano Evaristo pidiéndole que regrese de París a intervenir en "la gran lucha política que se está preparando para el futuro".

Una vez *tocado* por su misión, nace el apóstol. No es un maestro de la verdad o de la revelación, porque no tiene ni busca discípulos. Tampoco es un sacerdote laico, porque no ejerce sedentaria y profesionalmente su credo. Menos aún es un profeta, porque no anuncia al futuro ni levanta su voz para anatematizar el orden presente. Es un *predicador:* un *médium* de espiritualidad política que encarna y lleva un mensaje de cambio a todos los lugares a través de la palabra.

27

28•

26. "Una vez *tocado* por su misión nace el apóstol."
27. Goliat.
28. El primer manifiesto.

29

A su casa franciscana de San Pedro de las Colonias comienzan a llegar decenas de cartas políticas que contesta con emoción y diligencia. Una de sus respuestas, escrita en plena batalla electoral —junio de 1905— a su "estimado amigo y correligionario" Espiridión Calderón, vale por todas. En ella está Madero de cuerpo —es decir, de alma— entero:

Con personas que tienen su fe y su resolución nunca se pierde, pues aunque los ideales que uno persigue no se realicen tan pronto como uno deseara, cada esfuerzo nos acerca a su realización.

29. David.

Si (contra lo que espero) somos derrotados en esta lucha, nuestros esfuerzos no habrán sido vanos. Habremos depositado la semilla de la libertad y tendremos que cultivarla cuando germine hasta que llegue a ser el frondoso árbol que cubra con su sombra bienhechora.

Hace 20 siglos Jesús depositó la semilla del amor: "Amaos los unos a los otros", y aún vemos guerras terribles. Las naciones se arruinan sosteniendo ejércitos inmensos, marinas formidables y en Extremo Oriente se han derramado torrentes de sangre sólo por el capricho de un hombre, de un déspota orgulloso y vano que no ha vacilado en sacrificar a su orgullo las riquezas, la sangre y la honra de los rusos.

Sin embargo, aquella semilla ha germinado. La humanidad ha progresado. Los principios de *Libertad*, *Igualdad* y *Fraternidad* empiezan a regir en muchas partes del mundo y no está lejano el día en que dominen en el mundo entero... poco a poco irán destruyéndose las *tiranías* y la libertad, que traerá consigo más Justicia y más Amor, hará que se cumplan las palabras del Crucificado.

La bondad de Madero se ha confundido siempre con cierta ingenuidad. Nada más remoto a esta inteligencia fervorosa y despejada que la inocencia. Desde 1905 traza, con precisión matemática, un plan para democratizar a México. El primer paso es afianzar relaciones con los elementos independientes como el tenaz periodista liberal Filomeno Mata, como Francisco Iglesias Calderón y Francisco P. Sentíes. En 1906 apoya pecuniaria y moralmente a Ricardo Flores Magón, pero muy pronto rechaza su voluntarismo revolucionario no sólo en términos morales sino políticos. (A su juicio, "el pueblo vería favorablemente una campaña democrática" en 1909. La historia no lo desmintió.) A Paulino Martínez —encarcelado por el régimen— le envía dinero en 1906 y le aconseja desistir de sacrificios estériles, optar por una labor de crítica prudente y darle tiempo al tiempo:

Si usted quiere luchar contra el despotismo actual, espérese para la próxima campaña electoral de Presidente de la República, pues casi es seguro que si el general Díaz intenta reelegirse nuevamente, habrá en todo el país un fuerte movimiento antirreeleccionista, y entonces será oportuno que, con vigor, intentemos recobrar nuestros derechos, a fin de que reine otro estado de cosas más en armonía con las aspiraciones de los liberales de nuestra patria. En esa campaña, ya no será usted y dos o tres valientes periodistas los que estén expuestos a los golpes del enemigo, ya no serán los pechos de ustedes los únicos que se presentarán ante las balas de la dictadura, sino que seremos una falange de luchadores(...)

30. Fe y resolución.
31. Ayudó a Paulino Martínez.
32. Bondad e inteligencia en ambos. ▶

30

La política no desplaza al espiritismo: nace de él. En abril de 1906 Madero acude como delegado del Centro de Estudios Psicológicos de San Pedro de las Colonias al Primer Congreso Nacional Espírita. Allí sostiene el argumento de que el espiritismo es síntesis suprema de religión y ciencia.

Hacia 1907 un espíritu más militante guiaba sus pasos: "José". Madero asienta primero sus comunicaciones en hojas de papel pero la medida en que la tensión mística aumenta lo lleva a adquirir un cuaderno de pastas duras en el que vierte, con letra clara y segura, los dictados de "José". El sentido de su prédica es en el fondo similar al de "Raúl" en 1901, pero los ejercicios espirituales a los que "somete" a Francisco y los objetivos de la misión política que le impone son mucho más amplios, precisos e intensos.

Al releer aquel cuaderno, intacto después de casi 80 años, es imposible no recordar a Ignacio de Loyola (en cuyo honor se dio a Madero su segundo nombre). Cada página es una lucha contra el "yugo de los instintos", un despliegue de "esfuerzos gigantescos por vencer la animalidad (...) la naturaleza inferior (...) el descenso a los más tenebrosos abismos". Para lograrlo, "el espíritu" recurre, como Raúl, a la culpa, e incluso a la abierta amenaza de abandonar a Francisco para siempre. Pero el acicate mayor no era el miedo sino la promesa de recompensa: si dominaba sus pasiones inferiores —le advertía—, "podríamos hacer algo útil, eficaz y de verdadera trascendencia para el progreso de tu patria". Y no sólo México vería frutos, también el obediente Francisco y su esposa, que así podrían engendrar la descendencia que anhelaban.

Los métodos de aquella doma fueron terribles: "ardientes oraciones", "tristísimas reflexiones", "propósitos firmísimos de purificación" seguían a cada pequeña caída en el fango del instinto. "José" le recomendaba "no dejar ni un momento la mente desocupada", "curar seguido", hacer emanaciones, rezar, "comunicarse cuando menos una vez al día con nosotros", "releer con frecuencia las comunicaciones", apartarse a un "solitario lugar" —probablemente un tapanco en su hacienda— donde podría absorber "fluidos purísimos":

Procura abstraerte completamente del mundo externo y encerrarte dentro de ti mismo en el mundo interno en donde reina perfecta calma y un silencio profundo a la vez que majestuoso.

"Que una disciplina severa domine todos tus actos —le ordena de pronto, en apoyo de 'José', otro espíritu—, que todas tus acciones respondan a un plan."

El plan se delinea con nitidez. Además de sostener —de acuerdo con los dictados del "espíritu"— una creciente prédica político-epistolar con correligionarios de Coahuila y el resto del país, en

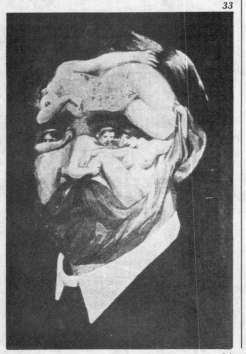

Un Congreso Espírita

Sesión de apertura

Un grupo de personas que profesan las ideas de Allan Kardec, han convocado á los diversos grupos espiritas de la República para que nombren sus delegados y asistan á un Congreso que celebrará dieciséis sesiones, empezando desde hoy por la de apertura, que se efectuará en el Teatro del Conservatorio Nacional de Música. El Secretario de la agrupación, en las juntas preparatorias que han efectuado los Delegados, ha sido el señor Mayor D. Manuel Salamanca, quien ha manifestado que se trata de estudiar y discutir el espiritismo científicamente y no de una de tantas farsas que sobre el particular se hacen de tiempo en tiempo en esta capital.

Concurrirán á este Congreso poco más de treinta Delegados, entre los que están representados todos los Estados, á excepción de los de Aguascalientes é Hidalgo.

Las sesiones, como decimos antes, empezarán esta noche y se repetirán durante dieciséis días, en el concepto de que las de los días 4, 6 y 10 de Abril, serán por las mañanas. Las sesiones serán públicas, y los organizadores aseguran que no se trata de ninguna comedia macabra, como las que se han hecho otras veces.

33

34

Sufragio Efectivo.

No-Reelección.

DIARIO, ÓRGANO DE CENTRO ANTI-REELECCIONISTA DE MÉXICO.

¡POBRE JUVENTUD!

Un fraude á las esperanzas del Pueblo.

REDO ESTADISTA!

El Dr. Cook está engañando al Mundo.

Dicen los periódicos franceses que el Dr. Cook, al enterarse de que Peary había descubierto el Polo, dirigió su telegrama.

35

1907 Madero escribe en diarios de oposición que a menudo también financia. Conforme logra en 1907 la doma de su "naturaleza inferior" (que lo llevó probablemente a la abstinencia sexual) el "espíritu" revela al espírita su misión. En octubre de 1907, convencido ya del triunfo de su discípulo y "hermano" sobre la materia, en el solitario tapanco de aquella hacienda ocurre, en sentido estricto, una quijotesca ceremonia de ordenación:

> Póstrate ante tu Dios para que te arme caballero, para que te cubra con sus divinas emanaciones contra los dardos envenenados de tus enemigos (...) (Ahora eres) miembro de la gran familia espiritual que rige los destinos de este planeta, soldado de la libertad y el progreso (...) que milita bajo las generosas banderas de Jesús de Nazareth (...)

Ese mismo mes el espíritu le advierte la cercanía de la lucha y le ordena: "lee historia de México (...) a fin de que cuanto antes principies tu trabajo". Mediante el esfuerzo y la abnegación "1908 será (...) la base de (tu) carrera política": "el libro que vas a escribir va a ser el que dé la medida en que deben apreciarte tus conciudadanos".

Para preparar aquel libro, Madero entró desde fines de 1907 en un estado de creciente tensión mística. "Aconsejado" por el implacable "José", se levanta más temprano, se acuesta tarde, suprime con gran dificultad la religiosa siesta, come poco, no ingiere alcohol, esquiva el ocio y las personas, y traza un plan detallado de lecturas que incluye todo el *México a través de los siglos*. Mientras avanza, el espíritu lo anima: "No te das cuenta del poder que tienes." En noviembre de 1907 le susurra al oído por primera vez: "Estás llamado a prestar importantísimos servicios a la patria." En enero de 1908 utiliza una palabra y un tono aún más sacramental: "Estas predestinado para cumplir con una misión de gran importancia (...) la corona la

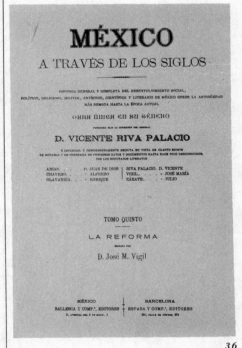

MÉXICO

A TRAVÉS DE LOS SIGLOS

HISTORIA GENERAL Y COMPLETA DEL DESENVOLVIMIENTO SOCIAL, POLÍTICO, RELIGIOSO, MILITAR, ARTÍSTICO, CIENTÍFICO Y LITERARIO DE MÉXICO DESDE LA ANTIGÜEDAD MÁS REMOTA HASTA LA ÉPOCA ACTUAL

OBRA ÚNICA EN SU GÉNERO

PUBLICADA BAJO LA DIRECCIÓN DEL GENERAL

D. VICENTE RIVA PALACIO

E IMPARCIAL Y CONCIENZUDAMENTE ESCRITA EN VISTA DE CUANTO EXISTE DE NOTABLE Y EN PRESENCIA DE PRECIOSOS DATOS Y DOCUMENTOS HASTA HACE POCO DESCONOCIDOS, POR LOS REPUTADOS LITERATOS

ARIAS	D. JUAN DE DIOS	RIVA PALACIO, D. VICENTE
CHAVERO	ALFREDO	VIGIL JOSÉ MARÍA
OLAVARRÍA	ENRIQUE	ZÁRATE JULIO

TOMO QUINTO

LA REFORMA

ESCRITA POR

D. José M. Vigil

| MÉXICO | BARCELONA |
| BALLESCÁ Y COMP.ª, EDITORES | ESPASA Y COMP.ª, EDITORES |

36

33. Madero asistió.
34. Venció a las tentaciones en el desierto.
35. Su periódico.
36. Lectura veloz.

tendrás de todas maneras, pero tus actos en este año determinarán si será de laurel o de espinas." En junio, "José" no sólo le prescribe la vigilia sino el sueño:

> Hacer tus oraciones, tus emanaciones, tus inspiraciones y luego, bajo la influencia de las emanaciones, concentrar la vista en la bola de cristal por espacio de 15 minutos, proponiéndote automagnetizarte y entrar en sueño lúcido durante 20 minutos. Antes de dormirte te formarás el propósito del asunto que quieres investigar durante tu sueño, entendido que ha de tener algún objeto elevado, armónico con tus más nobles aspiraciones.

Hacia agosto de 1908 Madero concluye su investigación. Para entonces habían cesado por completo las prédicas contra los instintos. No eran necesarias: su reino ya no era de este mundo:

> Necesitas vivir constantemente —le explica José— en ese mundo ideal, a fin de que siempre sereno y tranquilo puedas proseguir por el arduo camino que has emprendido sin desfallecimientos ni violencias, sin confusiones tremendas ni calma aniquiladora, sin locos ímpetus ni desconsolador abatimiento; en una palabra, con la seguridad del vidente, con la serenidad del sabio, con la tranquilidad del justo: ¡adelante!

Antes de empezar la redacción de su libro, lindando estados de éxtasis, invoca la ayuda del Altísimo:

37. El espíritu de "José" le aconsejó someterse a un ritual.
38. El espíritu dicta.

Qué hermoso arranque tuviste anoche —reconoce "José". El cielo obscuro hacía que tuvieran más brillo las estrellas. La calma del firmamento aumentaba su majestad, su grandeza (…) tú (…) no podías menos de impresionarte ante tan bello espectáculo y del fondo de tu alma salieron sentimientos de adoración más tiernos (…) pidiendo ayuda divina; los ruegos más humildes (…) bajo un torrente de palabras que, aunque apenas pronunciadas, tenían una elocuencia sublime.

En septiembre y octubre de 1908 el libro va tomando forma. Casi siempre en español, pero a veces en francés, "José" alienta a Francisco con excelentes consejos de organización intelectual. Al faltar ya solamente los tres capítulos finales. José le confirma los mejores augurios:

39. Caballero del espíritu.

40

41

DEMOCRACIA Y REELECCION

La Obra del Presidente Díaz ha Preparado el Triunfo de la Forma Democrática

Si la Mayoría de un Pueblo Pide que Continúe en el Poder un Gobernante, éste Debe Aceptar la Voluntad Nacional.

El Caso de Mr. Roosevelt es Distinto del Caso del Señor General Díaz.

Las declaraciones hechas bondadosamente por el Jefe del Estado á un periodista extranjero y por éste transmitidas en un artículo que EL IMPARCIAL ha reproducido "in integrum" en sus columnas, traen al terreno del publicismo altas materias políticas, dignas de espacioso comentario.

Trátase, una vez más, de investigar las condiciones de viabilidad de esta sugerente doctrina democrática, en relación con las variantes de lugar y momento de cada pueblo; se debaten, hoy como antaño, las posibilidades de hacer efectivas, sin hondos sacudimientos, las fórmulas en que se disuelve el espíritu de esta forma de gobierno.

Y nos llega una gran fe y una gran lección del hombre que durante mayor espacio de tiempo se ha encontrado al frente del movimiento republicano en el mundo. Son palabras de una existencia "vivida" por medio siglo en el campo de la idea liberal: podemos y debemos escuchar esta voz afable y robusta, que nos trae una renovación de esperanzas y un resurgimiento de fuerzas, concurrentes al definitivo triunfo de instituciones que articulan, por decirlo así, nuestra joven nacionalidad, que han dado la razón de ser de ella á los demás pueblos de la tierra.

Pero la fe en el porvenir de estas instituciones, la confianza en su fácil funcionamiento, están, de hecho, subordinadas á las circunstancias, variables al infinito de las evoluciones sociales, que señalan en cada etapa una función distinta de gobierno. Nuestra democracia, sueño generoso de una minoría inteligente é ilustrada, hubo, en sus comicios, de embotarse en la indiferencia secular de un pueblo falto de educación cívica y de disciplina mental para mantener incólume el sistema.

Y de ahí esa afirmación categórica del Presidente: "Creo que la Democracia trae consigo los verdaderos y únicos principios de un buen gobierno, aunque en realidad sólo sean practicables en los pueblos que han llegado á su pleno desarrollo."

* * *

Creer en el régimen, es creer en la eficacia de la obra realizada, como preliminar indispensable de una promesa sostenida á costa de rudos sacrificios y sellada con sangre en los campos de batalla; es poner el pensamiento y el deseo en el advenimiento...

[segunda columna]

...devuelve á la tierra en forma de lluvia fecundante el agua impura que absorbió de las charcas.

Nuestra democracia será por la obra del Presidente; por ella perdurará, porque esa obra ha organizado los materiales propios para construirla, alzado los cimientos prontos á sostenerla; la servirán de soportes la "educación y la riqueza pública, la auxiliará la integración de la patria, vinculada en un sólo haz de anhelos, y unida en un sólo foco de aspiraciones. Suprimid esa labor preparatoria, y la Democracia habría hecho bancarrota en el país; sería una mentira más que agregar á las viejas mentiras convencionales que se exhiban en los archivos de nuestras grandes farsas políticas.

(Sigue en la octava plana.)

Vendrá á México un Nuevo Cónsul General de los Estados Unidos

El Señor Gottschalk Asciende en Carrera

Dos Años en México y Varias Innovaciones en el Servicio Consular

Un mensaje de la Prensa Asociada nos hizo saber ayer que el señor don Alfredo L. M. Gottschalk, Cónsul General de los Estados Unidos en México, abandonará próximamente su elevado cargo y se trasladará á Washington, donde desempeñará un empleo superior al que hoy tiene.

Mostramos al señor Gottschalk el telegrama extranjero y nos dijo que hasta la fecha no ha tenido noticia directa de su gobierno respecto al cambio de que habla el mensaje. Cree el señor Cónsul que, en caso de que la noticia se compruebe, no recibirá aviso sino hasta dentro de algunos días, pues aunque el Presidente Roosevelt haya expedido el nombramiento, es preciso que el Senado lo ratifique, y en estos trámites transcurrirá algún tiempo.

SIENTE DEJAR Á MEXICO.

El señor Gottschalk llegó á México el día 28 de Mayo de 1906, y desde entonces á la fecha ha tenido á su cargo los importantes negocios de la oficina consular.

Ha viajado mucho á través de la República, al grado de conocer bastante bien sus principales regiones. Estos viajes los ha hecho con la única mira de fomentar las relaciones comerciales entre los dos países, cosa que ha logrado ciertamente, según...

[segunda columna]

...chalk en México, han implantado una nueva costumbre varias importantísimas casas comerciales de los Estados Unidos. Esas negociaciones tenían anteriormente la costumbre de enviar cartas á los consulados americanos en México, pidiendo listas de los comerciantes principales de este país; pero ahora es diverso el procedimiento, pues no son cartas las que llegan, sino agentes especiales, que personalmente vienen á tomar sus informes. Esos agentes no son viajeros, pues no llevan muestras ni venden mercancías. Acaba de llegar una de esas personas, que desde México irá hasta Chile, á observar las necesidades comerciales de los pueblos.

EL NUEVO CONSUL.

El sucesor del señor Gottschalk será don Benjamin H. Ridgely, que comenzó la carrera el 1893, como Cónsul en Ginebra, Suiza. De allí pasó á Málaga, en 1900; á Nantes, en 1902; y finalmente á Barcelona, en 1904, que ascendió á Cónsul General. De Barcelona vendrá á México.

El señor Ridgely es miembro de una honorable familia de Kentucky, en cuya Universidad estudió hasta graduarse. Tiene actualmente cuarenta y seis años de edad.

El señor Gottschalk pasará á ser lo que se llama Inspector General de Consulados, cuya misión es visitar los...

[tercera columna arriba]

...arreglar provisionalmente, en un sitio céntrico de esta población.

—En el barrio de San Luisito, varios hombres del pueblo reñían ayer á puñaladas, y el gendarme Cipriano Moreno quiso intervenir en la contienda para separar á los rijosos; entonces éstos hicieron causa común contra el agente, echándosele encima é infiriéndole varias terribles puñaladas, que le ocasionaron la muerte.

Los asesinos huyeron en seguida; pero la policía tiene sus nombres y confía en que pronto serán aprehendidos. Hoy se verificó el entierro del infortunado gendarme, asistiendo al acto todos sus compañeros francos de servicio.

—El baile que anualmente se celebra en este día en el casino de esta capital, estuvo anoche muy brillante, mas no tan concurrido como en años anteriores.

EL CORRESPONSAL.

El Banco Peninsular Mexicano

Venta de un Diario

(Telegrama especial)

MERIDA, Marzo 4.—Se están activando todos los preliminares para la fusión de los Bancos Yucateco y Mercantil de Yucatán, y la fundación del nuevo Banco Peninsular Mexicano.

—Un grupo de abogados y literatos yucatecos, entre lis que figuran los señores Lic. Ricardo Molina Hubbe, Antonio Mediz Bolil, Herandil Ancona y Emilio García Fajardo, ha comprado el importante periódico "Diario Yucateco" á la Compañía Editora Yucateca, S. A., que estaba formada en su mayoría por españoles.

EL CORRESPONSAL.

Mensajes Cambiados Entre el Sr. Presidente y el Shah de Persia

El Atentado Anarquista Contra el Soberano

S. M. Mohamed Alí Mirza, Shah de Persia.

Más cordiales de lo que pudiera pensarse, son las relaciones que existen entre la República Mexicana y el Imperio Persa. Hace algunos meses vino á México un Embajador Extraordinario de S. M. el Shah, para poner en manos del señor Presidente de la República una alta condecoración, de las que concede aquel gobierno.

Estas relaciones se manifiestan cordiales y oportunas, siempre que es necesario, y de ello acabamos de tener una buena prueba, con motivo del atentado cometido contra la persona del Shah, según saben nuestros lectores. Afortunadamente el soberano salió ileso, no obstante haberse visto en gravísimo peligro de muerte. Con motivo de ese suceso, se han cambiado los siguientes mensajes:

México, Febrero 2 de 1908.
A Su Majestad el Shah.
Teherán, Persia.

Ruego á Vuestra Majestad acepte mis sinceras felicitaciones por haber salido ileso del odioso atentado de ayer.

PORFIRIO DÍAZ.

Teherán, Marzo 1 de 1908.
Señor Presidente de los Estados Unidos Mexicanos.
México.

Muy conmovido por las amables felicitaciones de Vuestra Excelencia, le ruego se sirva aceptar mis sinceros agradecimientos.

MOHAMMED ALÍ.

El Gobierno Federal no Construirá Ningún Edificio en Puebla

Una Comisión Poblana Habló con el Señor Presidente

Hace tiempo hicieron un viaje á Puebla los señores Ingenieros D. ... bino R. Nuncio y D. Manuel de Ancon con el objeto de estudiar el terreno que debería construirse el edi... cio del Gobierno Federal para la 2 posición de Puebla, siempre que nuestro primer Magistrado resolvi... ra en ese sentido cuando llegasen...

Nuestros esfuerzos están dando resultados admirables en toda la República y en todas partes se nota cierto fermento, cierta ansiedad, que tu libro va a calmar, a orientar y que tus esfuerzos posteriores van a encauzar definitivamente. Cada día vemos claro el brillante triunfo que va a coronar tus esfuerzos. Ahora sí podemos asegurarte sin temor a incurrir en un error, que el triunfo de ustedes es seguro en la primera campaña.

En opinión de "José" el enemigo lo era cada vez menos. Mientras en el país se seguía creyendo, a despecho de la entrevista Díaz-Creelman, en la omnipotencia de don Porfirio, el concepto de Madero y sus espíritus difería:

Ya no tiene el vigor de antes y su energía ha decaído considerablemente a la vez que las poderosas pasiones que lo movían se han

40. "La corona la tendrás de todas maneras."

41. Entrevista de Creelman con Díaz en *El Imparcial,* segunda parte.

ido amortiguando con los años. Ni los que lo rodean sienten el apego a su persona que sentían hace algunos años, pues con tanto tiempo de poder absoluto se ha hecho cada día más déspota con los que lo rodean, que le sirven por miedo o por interés, pero no por amor.

El 30 de octubre de 1908, al cumplir sus 35 años y casi concluido su trabajo, Madero apunta en su cuaderno de "mediumnimidad" un mensaje de "José", decisivo e impecable no en términos ortográficos sino biográficos:

Sobre ti pesa una responsabilidad enorme. Has visto (...) el precipicio hacia donde se presipita (*sic*) tu Patria. Cobarde de ti si no la previenes (...) Tu has sido elejido (*sic*) por tu Padre Celestial para cumplir una gran misión en la tierra (...) es menester que a esa causa divina sacrifiques todo lo material, lo terrenal y dediques tus esfuerzos todos a su valorización.

A mediados de noviembre se registra una comunicación aún más importante:

42. "Usted tiene que combatir un hombre astuto, falso, hipócrita..." (palabras del espíritu de Juárez).

43.

44.

El triunfo de ud. va a ser brillantísimo y de consecuencias incalculables para nuestro querido México. Su libro va a hacer furor por toda la República (...) al G. D. (General Díaz) le va a (...) infundir verdadero pánico (...) Ud. tiene que combatir un hombre astuto, falso, hipócrita. Pues ya sabe cuáles son las antítesis que debe proponerle: contra astucia, lealtad; contra falsedad, sinceridad; contra hipocresía, franqueza.

Lo firmaban dos letras: B. J.

Con el aval del espíritu "José" y con la bendición ultraterrena del mismísimo don Benito, Madero ya sólo necesitaba el permiso de su padre, sin el que no podía cortar con los "últimos eslabones de su naturaleza inferior". Antes de solicitarla concluye la obra que defendería "los intereses del pueblo desventurado" y vierte la última

43. Don Benito le dio su aval.
44. Don Porfirio no.

comunicación en el cuaderno. El espíritu le confirma una vez más el buen "desenlace del gran drama que se dará en el territorio nacional el año de 1910"; pero, al calce, "José" comete el error de firmar con un nombre distinto: Fco. I. Madero.

Luego de dar a las prensas su libro, Francisco se retira absolutamente solo por 40 días y noches al desierto contiguo a su rancho Australia. Al despuntar el año nuevo escribe a su padre una carta en que expone los motivos para publicar el libro a más tardar el 25 de ese mes. Sus argumentos de fondo no son políticos:

Entre los espíritus que pueblan el espacio existe una porción que se preocupa grandemente por la evolución de la humanidad, por su progreso, y cada vez que se prepara algún acontecimiento de importancia en cualquier parte del globo, encarna gran número de ellos, a fin de llevarlo adelante, a fin de salvar a tal o cual pueblo del yugo de la tiranía, del fanatismo, y darle la libertad, que es el medio más poderoso de que los pueblos progresen.

45. Con su papacito.

Él era uno de esos espíritus. "He sido elegido por la Providencia —explicaba a su padre—; no me arredran la pobreza ni la prisión, ni la muerte."

Creo que sirviendo a mi patria en las actuales condiciones cumplo con un deber sagrado, obro de acuerdo con el plan divino que quiere la rápida evolución de todos los seres y, siendo guiado por un móvil tan elevado, no vacilo en exponer mi tranquilidad, mi fortuna, mi libertad y mi vida. Para mí, que creo firmemente en la inmortalidad del alma, la muerte no existe; para mí, que tengo gustos tan sencillos, la fortuna no me hace falta; para mí, que he llegado a identificar mi vida con una causa noble y elevada, no existe otra tranquilidad que la de la conciencia y sólo la obtengo cumpliendo con mi deber.

Don Francisco vacila, pero el hijo insiste: el libro ya estaba escrito. Él había sido "elegido por la Providencia" para escribirlo. A riesgo de "pagar con su vida por el fracaso" necesitaba el permiso que días después, por telegrama, finalmente obtuvo. El 23 de enero agradece al padre con estas palabras:

46. Para él, la muerte no existía.

Archivo Fotográfico
Centro de Estudios de Historia de México

47

Ahora sí ya no tengo la menor duda de que la Providencia guía mis pasos y me protege visiblemente, pues en el hecho de haber recibido su bendición, veo su mano, en la circunstancia de haberlo presentido tan claramente distingo su influencia, percibo su modo de guiarme, de dirigirme y de alertarme pues si el laconismo forzoso del telegrama sólo me trajo su resolución definitiva, la visión que tuve anoche, me reveló que esa resolución era sin violencia, obedeciendo a sus más nobles sentimientos y aunque hacían un sacrificio sublime, se quedaban llenos de confianza en el porvenir, aceptaban con noble serenidad las consecuencias de la nueva vida de actividad y de lucha que se inicia.

Al entrar en la liga de la política nacional, Madero no lanzaba un manifiesto, no emitía una proclama, no profería un grito. Hacía algo más convincente e insólito: publicaba el producto de aquellas sesiones fervorosas: *La sucesión presidencial en 1910.* La primera edición salió a la luz a principios de 1909 y se vendió como pan caliente. Vale la pena recordar sus ideas principales, porque ha llovido tanta

47. "Al entrar en la política nacional hacía algo insólito...

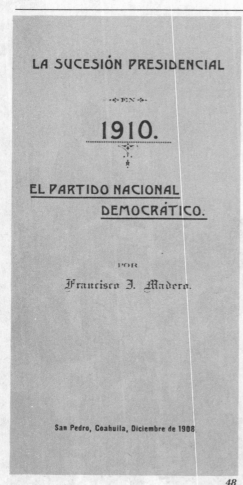

LA SUCESIÓN PRESIDENCIAL

·EN·

1910.

EL PARTIDO NACIONAL
DEMOCRÁTICO.

POR

Francisco I. Madero.

San Pedro, Coahuila, Diciembre de 1908.

48

tinta sobre el maderismo que pocos se acuerdan ya de lo que dijo Madero. El libro —dedicado a los constituyentes del 57, a los periodistas independientes y a los "buenos mexicanos que muy pronto se revelarán al mundo por su entereza y su energía"— admite quizá ser resumido en dos fórmulas casi homeopáticas: diagnóstico del mal mexicano y receta para curarlo.

El mal mexicano, consecuencia natural del militarismo que asoló todo nuestro siglo XIX, era para Madero el poder absoluto, el poder en manos de un solo hombre. No hay progreso real que lo resista ni hombre infalible que lo ejerza con equilibrio. El ejemplo —decía Madero— está a la vista: en 1905 el pequeño Japón, fortalecido por la democracia, humilla al enmohecido Imperio ruso. Madero desplegaba cierto conocimiento de cultura latina y familiaridad moral con los liberales de la Reforma y la República Restaurada, a los que había leído cuidadosamente. El libro aportaba varios ejemplos históricos pertinentes sobre el poder absoluto, pero ninguno tan efectivo como el del propio zar mexicano. Era veneno puro transcribir para la opinión pública en 1909 los planes porfiristas de La Noria (1871) y Tuxtepec (1876), y recordar que la bandera con que había llegado Díaz al poder era, justamente, la no reelección: "Que ningún ciudadano se imponga y perpetúe en el ejercicio del poder —proclamaba el chinaco Díaz en 1871— y ésta será la última revolución." Lo cierto —escribía Madero— es que al general Díaz —por lo demás hombre moderado, honesto y patriota— lo obsesionaba desde entonces

51

una *idea fija*: conquistar el poder y retenerlo costara lo que costara. Sus paniaguados opinaban que era el hombre "necesario", "el buen dictador", pero el balance de sus 30 años de administración arrojaba —cuando menos en dos sentidos— números rojos.

En el frágil activo, Madero le reconocía, entre otras cosas, gran progreso material —aunque al precio de la libertad—, algún auge agrícola —aunque no sin importación de cereales—, industria boyante —aunque monopólica y subsidiaria—, paz indudable —a costa de sacrificar la vida política. El pasivo, en cambio, era, en palabras de Madero, "aterrador": la "fuerza bruta" en Tomochic, la esclavitud del pueblo yaqui, la represión de obreros en Cananea y Río Blanco, analfabetismo, concesiones excesivas a los Estados Unidos y feroz centralización de política. Llagas sociales, económicas y políticas que se traducían en algo peor: llagas morales. Según Madero, el poder absoluto había inoculado en el mexicano

52

la corrupción del ánimo, el desinterés por la vida pública, un desdén por la ley y una tendencia al disimulo, al cinismo, al miedo. En la sociedad que abdica de su libertad y renuncia a la responsabilidad de gobernarse a sí misma hay una mutilación, una degradación, un envilecimiento que pueden traducirse fácilmente en sumisión ante el extranjero (...)

"Estamos durmiendo —profetizaba Madero— bajo la fresca pero dañosa sombra del árbol venenoso (...) no hay que engañarnos, vamos a un precipicio."

Si don Porfirio tenía su idea fija (el poder), don Pancho tenía la suya (poner límites al poder). Con buena lógica, y en un lenguaje

48. ...publicaba un libro."
49. "La Providencia guía mis pasos."
50. El zar mexicano.
51. No negaba el progreso.
52. Pero conocía las llagas.

que hasta sus detractores consideraron "virilmente franco y accesible a todas las inteligencias", Madero proponía el remedio: restaurar las prácticas democráticas y la libertad política que iguala a los hombres ante la ley; volver, en suma, a la Constitución del 57. Para ello había que organizar un Partido Nacional Democrático bajo el lema "Libertad de sufragio, no reelección". Díaz podía ser electo libremente, retirado a la vida privada o, como transacción, podría seguir en la Presidencia por un periodo más —hasta sus 86 años— pero admitiendo la libertad de sufragio para la vicepresidencia y parte de las gubernaturas y cámaras. Lo que Madero proponía, en fin, era hacer buenas las palabras del propio Díaz en la entrevista con Creelman. De allí la dedicatoria que recuerda también el discurso de Bulnes en 1903: "Usted no es capaz de encontrar un sucesor más digno (...) que la ley."

El 2 de febrero de 1909, Madero envía su libro al Gran Elector con la pálida esperanza de volverlo, más bien, el gran lector. Acompaña el libro de una carta firme, respetuosa, noble, en la que explícitamente le hace el ofrecimiento de la inmortalidad histórica a cambio de la democracia:

53. "Madero es un loquito, señor Presidente"

54

Para el desarrollo de su política, basada principalmente en la conservación de la paz, se ha visto usted precisado a revestirse de un poder absoluto que usted llama patriarcal (...) La Nación toda desea que el sucesor de usted sea la Ley, mientras que los ambiciosos que quieren ocultar sus miras personalistas y pretenden adular a usted dicen que "necesitamos un hombre que siga la hábil política del general Díaz" (...) la conclusión a que hemos llegado es que será verdaderamente amenazador para nuestras instituciones y hasta para nuestra independencia, la prolongación del régimen de poder absoluto (...) si por convicción, o por consecuentar con un grupo reducido de amigos, quiere usted perpetuar entre nosotros el régimen de poder absoluto, tendrá que constituirse en jefe de partido, y aunque no entre en su ánimo recurrir a medios ilegales y bajos para asegurar el triunfo de su candidatura, tendrá que aprobar o dejar sin castigo las faltas que cometan sus partidarios y cargar con la responsabilidad de ellas ante la historia y ante sus contemporáneos (...) si me he tomado la libertad de dirigirle la presente, es porque me creo con el deber de delinearle a grandes rasgos las ideas que he expuesto en mi libro, y porque tengo la esperanza de obtener de usted alguna declaración, que publicada y confirmada muy pronto por los hechos, haga comprender al pueblo mexicano que ya es tiempo de que haga uso de sus derechos cívicos y que al entrar por esa nueva vía, no debe ver en usted una amenaza, sino un protector; no debe considerarlo como el poco escrupuloso jefe de un partido, sino como el severo guardián de la ley, como la grandiosa encarnación de la patria.

En algún lugar de la Vía Láctea, "Raúl" y "José" sonrieron satisfechos.

54. El valor supremo hasta en los cigarros.
55. El apóstol. ▶

Los hechos del Apóstol

EN ESE MOMENTO Madero inicia la mayor enseñanza práctica de democracia ejercida por un hombre en toda la historia mexicana. El secreto del *Apóstol de la Democracia*, como ya empezaba a ser conocido, era claro y sencillo: desplegar frente a la mística de la autoridad encarnada en Porfirio Díaz, una mística inversa: la mística de la libertad. "Soy ante todo —solía repetir con frecuencia— un demócrata convencido." Posteriormente, del 27 de febrero a mediados de junio de 1909, encabeza en la ciudad de México los trabajos del Centro Antirreeleccionista que se funda en mayo. Al mes siguiente aparece el primer número de *El Antirreeleccionista*, dirigido por el joven filósofo y abogado José Vasconcelos y en cuyas páginas colaboran Luis Cabrera, Toribio Esquivel Obregón y Federico González Garza. En junio se expide también el primer manifiesto del Centro, que firman entre otros, viejos personajes de la oposición como Emilio Vázquez Gómez, Filomeno Mata y Paulino Martínez. Para entonces Madero ha vendido ya una porción considerable de sus bienes —castigando el precio— para obtener liquidez. Así pudo financiar buena parte de los trabajos antirreeleccionistas e iniciar una serie de largos recorridos por la República acompañado de una escasa comitiva.

La primera gira toca Veracruz (lo aclaman dos mil personas), Progreso (tres mil lo vitorean), Mérida, Campeche, Tampico, Monterrey (acuden tres mil personas) y concluye en San Pedro de las

57

56. "Soy, ante todo, un demócrata convencido."
57. Contra la mística de la autoridad...
58. ...la mística inversa.

Colonias. En varios lugares, grandes y pequeños, por donde pasa, Madero funda un club antirreeleccionista. En septiembre viaja por su estado natal y recibe la buena nueva de que el general Reyes ha dejado colgados a sus partidarios aceptando del Presidente una misión militar de segundo orden en Europa. En octubre, exhausto por la tensión política y espiritual, Madero enferma y se recluye cinco semanas en Tehuacán, desde donde mantiene correspondencia abundantísima con cientos de simpatizantes de toda la República.

En diciembre, acompañado del elocuente Roque Estrada, inicia su segunda gira. Recorre Querétaro, Guadalajara (seis mil personas), Colima (mil), Mazatlán (dos mil en el Circo Atayde), Culiacán (donde declara "venimos a predicar la democracia"), Navojoa (lo recibe Benjamín Hill), Álamos, Guaymas (José María Maytorena encabeza a tres mil personas), Hermosillo, Nogales, Ciudad Juárez, Chihuahua (conoce a Pancho Villa), Parral (se le recibe con gran fiesta), Torreón, y vuelve a San Pedro de las Colonias.

El fervor político no le impide comunicarse con sus espíritus. Lo hace con infalible puntualidad. Tampoco desvanece en él al médico de almas. En aquel año de 1909 el gobernador de Coahuila Jesús de Valle y su hijo Artemio de Valle Arizpe lo vieron en la acera de una calle dando "pases curativos" a un borracho.

59. Comienza sus giras.

60

60. Club Antirreeleccionista de Sinaloa.
61. Contó con la aprobación reticente de su familia.
62. Con Francisco Vázquez Gómez en la Convención Antirreeleccionista de abril de 1910.

A principios de 1910 Madero funda el diario *El Constitucional*, que al poco tiempo encargaría a Heriberto Frías, y empieza una tercera gira por Durango (donde, desacertadamente elogia la política de conciliación de Porfirio Díaz), Zacatecas, Aguascalientes (ocho mil personas) y San Luis Potosí. En cada etapa, la comitiva es vitoreada pero no sin sufrir las más variadas formas de obstrucción que le preparan las autoridades. Días antes de la Convención Nacional del partido, la obstrucción se intensifica. El gobierno central desarrolla una acción múltiple contra los intereses económicos de la familia Madero: interviene —sin éxito, porque el público sólo acepta su moneda— al Banco de Nuevo León, presiona al fundador de la dinastía, acusa penalmente a Madero de "robo de guayule" y dicta contra él orden de aprehensión que no se hace efectiva, entre otros azares, por la intercesión de Limantour.

En abril de 1910 Madero preside por fin la Convención del Partido Antirreeleccionista, que capitaliza, además del propio, el impulso del reyismo sin Reyes. En su discurso, Madero advierte contra el fraude electoral: "La fuerza será repelida por la fuerza." Lo cierto es que Madero no quería la Revolución sino un cambio pacífico, electoral, democrático. Pero el día anterior a la Convención había sostenido una entrevista con el propio presidente Díaz a raíz de la cual cambia, en definitiva, de parecer. Sintió que trataba con un "niño o un ranchero ignorante y desconfiado": "No se puede hacer nada con él", pensó. Madero pidió garantías. Don Porfirio respondió que "tuviera confianza en la Suprema Corte", a lo cual Madero contestó no con un argumento sino con una "franca carcajada": "Conmigo no dan resultado esas bromitas." A Adrián Aguirre Benavides le confió sus impresiones:

61

62

64

63

Te aseguro que el general Díaz me causó el efecto de estar completamente decrépito; no le encontré ninguna de las cualidades que le encuentran quienes lo han entrevistado, pues ni me pareció imponente, ni hábil, ni nada. Por el contrario, tuve la oportunidad de "semblantearlo" por completo. Conocí todos sus proyectos hasta los que tiene para dentro de unos dos o tres años, mientras que él no supo nada de los nuestros (...) no me impresionó absolutamente la entrevista que tuve con él y que más bien él ha de haber estado convencido de que no logró imponérseme y que no le tengo miedo. El general Díaz ha comprendido por fin que sí hay ciudadanos bastante viriles para ponerse frente a frente. Porfirio no es gallo, sin embargo habrá que iniciar una revolución para derrocarlo.

En mayo Madero inicia su cuarta gira. El ascenso del antirreeleccionismo es vertiginoso, los mítines son más riesgosos e intensos. En Puebla lo aclaman 30 mil personas; en Jalapa, 10 mil; en Veracruz sostiene que su programa busca recuperar los derechos de los individuos, las libertades de los municipios y la autonomía de los estados. En Orizaba, escenario de la matanza de Río Blanco, pronuncia frente a 20 mil obreros uno de sus discursos definitorios de política social, anclado en el liberalismo clásico:

Vosotros deseáis libertad, deseáis que se os respeten vuestros derechos, que se os permita agruparos en sociedades poderosas, a fin de que unidos podáis defender vuestros derechos; vosotros deseáis que haya libertad de emitir el pensamiento, a fin de que todos los que aman al pueblo, todos los que se compadecen de vues-

63. Aquiles Serdán.
64. Completamente decrépito.

tros sentimientos, puedan ilustraros, puedan enseñaros cuál es el camino que os llevará a vuestra felicidad; eso es lo que vosotros deseáis, señores, y es buenos que en este momento, que en esa reunión tan numerosa y netamente democrática, demostréis al mundo entero que vosotros no queréis pan, queréis únicamente libertad, porque la libertad os servirá para conquistar el pan.

De Veracruz siguió a Guanajuato, Jalisco y, otra vez, la capital de México. En cada lugar es vitoreado. Lo que Madero renueva es el ideal del liberalismo por el que muchos mexicanos habían luchado en las guerras de Reforma e Intervención. Hubo quien pensó que con él se acabarían los impuestos, los prefectos y las autoridades. "Lo inmenso de aquella arenga apostólica —recuerda su fiel amigo Roque Estrada— era una tremenda sinceridad iluminada y una fe profundamente sentida por la causa." "Oyéndolo decir tantas verdades —escribe Manuel Bonilla— era evidente que encarnaba al verdadero apóstol." No lo disuade la oposición familiar que encabeza el patriarca don Evaristo, quien, como prevención, hereda casi todos

65. Poco después aquí hablaría Madero.
66-67. Popularidad.

65

sus bienes a la apolítica familia de su segunda mujer. Sin romper lazos con los parientes, Francisco acaba por convencer a los más cercanos.

A principios de junio de 1910 emprende la que sería su quinta y última gira. En Saltillo y San Luis Potosí es hostilizado seriamente. Por fin, en Monterrey, el Gobierno se resuelve a apresarlo. Además de iluminar aún más con ese hecho su aureola de apóstol, la acción —en la que quizá don Porfirio no tuvo injerencia directa, o si la tuvo demostró con ello la pérdida de sus facultades— era torpe, contraproducente y tardía. Madero había visitado ya 22 estados y fundado no menos de cien clubes. Era natural que encontrara los arrestos para escribir al Presidente de modo abierto y usando palabras que debían herir las entrañas "paternales de Porfirio":

> Con esa actitud se demuestra que usted y sus partidarios rehúyen la lucha en el campo democrático porque comprenden que perderían la partida. La Nación no quiere ya que usted la gobierne paternalmente (como dice usted que pretende gobernarla).

68. San Luis Potosí, fin de siglo.

La defensa de los Señores Madero y Roque Estrada

Basará su prueba en el exhorto del Juzgado de Distrito pedida en esta Capital

La noticia revolucionaria en la Huasteca es una intriga infame. Los alumnos del Instituto no concurrirán al Congreso de Estudiantes en esa capital

Desde la prisión de San Luis Potosí, adonde se le traslada a fines de junio, Madero prosigue con un ritmo febril sus relaciones epistolares. A todos les infundía el mismo ánimo: "Pueden tener la seguridad todos ustedes que no flaquearé ni un solo momento." Y no flaquea, en efecto, cuando los resultados electorales de los primeros días de julio le son adversos. Para no dejar expediente legal sin cubrir en el camino, su partido somete al Congreso un vasto y detallado memorial sobre el fraude en las elecciones que, por supuesto, no encuentra mayor eco. Para Madero, que escapa a San Antonio, Texas, el 6 de octubre, y para sus correligionarios en toda la República y en el exilio, el destino se definió con la publicación extemporánea —en San Antonio, en octubre— del Plan de San Luis que Madero había redactado en su cautiverio con la ayuda, entre otros, de un joven y casi anónimo poeta: Ramón López Velarde. De sus cláusulas sobresalían la asunción de la presidencia provisional por Madero, el desconocimiento de los poderes federales, la restitución de terrenos a pueblos y comunidades despojados y la libertad de los presos políticos:

Conciudadanos —exhortaba Madero—, no vaciléis, pues, por un momento: tomad las armas, arrojad del poder a los usurpadores, recobrad vuestros derechos de hombres libres (…)

La arenga patriótica no nubló, por entonces, su sentido práctico. La revolución que debía estallar el 20 de noviembre de 1910 contaba ya con un mapa de acción y delegados formales en cada sitio. El propio Madero podía invocar quizá, por las noches, a los espíritus propicios, pero en las mañanas escribía a Nueva York pidiendo noticias sobre sus acciones guayuleras… La clave era: una acción = 100 rifles Winchester.

69-70. Arresto y escapatoria.
71-72. Frente a frente.

La revolución de Arjuna

LA MAÑANA del domingo 20 de noviembre de 1910, diez hombres, incluido un guía, acompañan al líder de la Revolución a la frontera del Río Grande. En el sitio convenido debía esperarlo el tío Catarino Benavides con 400 hombres. Al llegar no encuentran a nadie; cuando el tío aparece, su contingente no es de 400 sino de 10. Con 20 hombres parecía difícil atacar Ciudad Porfirio Díaz. Para colmo, el mismo día llegan noticias sobre una reciente orden de arresto. Madero decide esconderse. A los pocos días viaja de incógnito a la ciudad de Nueva Orleáns con su hermano Raúl.*

Para todos, menos para su caudillo, que entonces ignoraba buena parte de los levantamientos en su favor en Chihuahua, Sonora, Tamaulipas, Coahuila y Veracruz, la esperada revolución parecía un fiasco. Él conservaba la fe por razones místicas y también prácticas: desde el principio comprendió que al general Díaz sólo se le podía derrocar por las armas, pero para hacer efectiva la revolución había sido indispensable la campaña democrática previa. Así había preparado a la opinión pública y justificado el levantamiento. A juzgar por la reacción que tuvieron sus giras, pensó Madero, la revolución no podía fallar. La prueba más extraordinaria de su fe está en

* Raúl llevaba el mismo nombre del hermano muerto en 1887.

73. Todo sale según lo previsto por la Providencia.
74. Primer estallido.

las cartas que desde Nueva Orleáns remitió a Juana P. de Montiú (seudónimo de su mujer). En una de ellas, fechada el 2 de diciembre de 1910, le informa que duerme bien, no perdona la siesta, lee en una biblioteca, hace ejercicios en la YMCA, asiste a la ópera, además de decirle que:

> Nosotros estamos confiados en el resultado final de la lucha y sobre todo tenemos la seguridad de que los acontecimientos siguen el curso que les ha trazado la Providencia (...)
>
> Ya ve mi cielito cómo no se me nota que tan grandes asuntos me preocupan, pues creo que de nada sirve quedarse uno meditabundo y triste; es mejor procurar distraerse a fin de que el espíritu más descansado y más lúcido, puesto que no está entorpecido por la congoja, pueda resolver con mayor serenidad los arduos problemas que se le presentan.

F. López, seudónimo de su padre, recibió también líneas de esperanza:

> Esta tranquilidad me viene (...) de la certidumbre que los acontecimientos siguen desarrollándose según los designios de la Providencia (...) ¿Por qué poner en duda esa intervención, únicamente porque un detalle de más o menos importancia no resulte como lo esperábamos? (...)
>
> Por lo demás, no sabemos cómo está el sur de México.

Tal vez había que seguir el ejemplo de Vicente Guerrero y acaudillar la revolución en el Sur. El 14 de diciembre, aún con datos escasos en qué fundar su optimismo, escribe a su mujer:

> ¿Crees tú que nuestros actos puedan tener sobre nosotros consecuencias dolorosas? No, eso no puede ser; es posible que nos vengan algunas contrariedades, pero no serán sino aparentes. Elevándonos un poco las apreciaremos debidamente, veremos su poca importancia y recobraremos la serenidad a que tenemos derecho, porque tenemos la conciencia tranquila, porque sabemos que obramos bien, que estamos cumpliendo con nuestro deber.

Nunca como entonces necesitaba Madero acopiar fuerzas y fe. Las halló, por supuesto, en su propio temple, pero también en una nueva lectura, cuidadosamente anotada, del *Baghavad Gita*. Los espíritus de Raúl y José —llamémosles una vez más así— habían presidido sus dos épocas anteriores de tensión: el ascenso caritativo en 1901-1902 y el político de 1907-1908. A fines de 1910 y principios de 1911, en el exilio y la virtual incomunicación, Madero acudió a la inspiración, más clásica y tangible, de un libro.

LAS MEMORIAS
Y LAS
MEJORES CARTAS DE
FRANCISCO I. MADERO

Selección y líneas prologales de
ARMANDO DE MARIA Y CAMPOS

1956
LIBRO-MEX EDITORES, S. DE R. L.
México, D. F.

76

77

75. Nada malo puede pasarnos.
76. Entonces escribía sus memorias.
77. "¿Crees tú que nuestros actos puedan tener sobre nosotros consecuencias dolorosas?"

78

En sus largas sesiones en la biblioteca de Nueva Orleáns reunió varios apuntes con el título de *Comentarios al Baghavad Gita*. La obra, como se sabe, es esencialmente un diálogo entre el príncipe Arjuna y el dios Krishna. Aquél duda de iniciar una batalla contra Dhristarashtra, rey de los kurús, porque en sus huestes militan amigos o conocidos y porque, en definitiva, Arjuna no odia a su enemigo. Krishna le incita a combatir y le revela uno a uno los secretos de la vida: la irrealidad de la muerte, el carácter deleznable del mundo de los sentidos, la necesidad de renunciación y una paradoja que debió impresionar particularmente a Madero:

y en verdad te digo que la acción es superior a la inacción (...) es dificilísimo, ¡oh Arjuna!, renunciar a la acción sin antes haber servido por medio de la acción (...) Escucha mis palabras, ¡oh príncipe!; en verdad te digo que quien ejecuta la acción como un

78. Tenemos la conciencia tranquila.

deber, sin apetencia por el fruto de la acción, renuncia a la acción al tiempo que la realiza.

En sus comentarios, Madero escribió que la paradoja de la acción-inacción se resolvía en la palabra clave: deber.

Es, por consiguiente, posible llegar al grado máximo de virtud y evolución que puede alcanzar el ser humano, dedicándose a la vida ordinaria, a la profesional, a la agricultura, a los negocios, a la política y a todas las ocupaciones que exige la moderna civilización, así como la constitución de un hogar y de una familia; basta para ello unirse espiritualmente con el Ser Supremo, es decir, llegar al resultado de que todos nuestros actos tengan un fin bueno y útil a la humanidad, o sea, que todos ellos estén en armonía con el Plan Divino, porque tienden a favorecer el bienestar del género humano y su evolución. Para lograr este resultado es indispensable, como dice el mismo versículo, "subyugarse a sí mismo", porque de otra manera las pasiones impiden tener la serenidad de espíritu y la rectitud necesarias para obrar siempre bien (...) Ya hemos explicado que por "renunciar al fruto de nuestras acciones" debe entenderse que al ejecutar cualquier acto meritorio no debemos

79. Arjuna entre las damas.
80. Maderistas. ▶

LIBERTAD DE
CONCIENCIA
LIBERTAD DE
PENSAMIENTO
LIBERTAD DE
IMPRENTA

REELECCION

CONQUISTA
VOLUTIVA DEL
DESARROLLO
POLITICO,
ECONOMICO Y
SOCIAL DEL
PUEBLO
MEXICANO.

hacerlo en vista de la recompensa que de él esperamos, sino por considerar que tal es nuestro deber.

Deber que, en su caso, parecía tan claro, desinteresado y puro como la frase "liberar a la patria".

De vuelta en Texas, mientras preparaba su regreso a territorio mexicano, Madero llegó a alquilar una máquina de escribir para pasar en limpio sus *Comentarios al Baghavad Gita.* El 23 de febrero, en carta a su esposa, Madero revela haberse identificado aún más con Arjuna, su antiguo seudónimo:

La otra vez que me iba a ir te habría escrito una larguísima carta de despedida, pero ahora me toma la noticia tan de sopetón, que apenas te pondré algunos renglones. ¡La suerte está echada! Me siento llevado por el destino, guiado por un deber, alentado por lo noble de nuestra causa y por el indómito valor de sus defensores. Tengo fe en el triunfo, porque creo en la Justicia Divina y es que nuestra causa es justa y también porque considero que el movimiento ha asumido proporciones formidables. Sé que adondequiera que vaya irán conmigo tus tiernas y fervientes oraciones y que tu pensamiento no se separará de mí. Esas oraciones y esos pensamientos, así como los de todos los seres queridos, formarán a mi rededor una atmósfera de bienestar que me protegerá siempre.

Tengo la intuición de que mi vida NO peligra. Pero si sucede lo contrario iré a la tumba con satisfacción del deber cumplido.

82

Con el licenciado te mando mi *Baghavad Gita*; quiero que me lo guardes cuidadosamente, así como las notas que de él saqué. Hasta pronto, cielo mío. Sabes que tu amor lo llevo siempre en mi corazón. Recibe un beso muy cariñoso de tu amante esposo.

En febrero de 1911 Madero entra por fin en México con 130 hombres. Al poco tiempo acaudilla personalmente un ataque a Casas Grandes en el que es herido en un brazo. Durante un par de meses dirigirá, no siempre con orden y concierto, las operaciones revolucionarias. Sabe un poco, pero presiente más, que la lucha se ha esparcido por la República. Las juntas revolucionarias de la franja fronteriza norteamericana operan con desahogo. El Gobierno norteamericano no obstaculiza mayormente el flujo de armas. El cabildeo contratado en Washington comienza a surtir efecto. El sabotaje a las líneas telegráficas y férreas dificulta los movimientos de un ejército federal menos fiero de como lo pintaban. Los hechos de armas se duplican de febrero a marzo y en abril abarcan ya 18 estados. En Nueva York, Washington y la frontera, el gobierno de Díaz se sienta a la mesa de las negociaciones.

En marzo, Limantour conferencia en Nueva York con el doctor Francisco Vázquez Gómez —agente confidencial del Gobierno—, Francisco Madero padre y su hijo Gustavo sobre las condiciones de un arreglo. No se habla entonces de la renuncia de Díaz, pero sí de una democratización general en el gabinete, los estados, los poderes y las libertades públicas. En su mensaje del 1o. de abril el Presidente intenta un golpe que en otras circunstancias, con otra edad y frente a un contrincante menos fervoroso que Madero, hubiera sido maestro: toma como suyas las banderas de la Revolución, incluido el "interesante" punto del reparto agrario, y remienda por completo su

81. El general Navarro, su contrincante en Ciudad Guerrero.
82. Sueño de un justo.
83. Herido en Casas Grandes.

83

84

84-86. Las conferencias de paz en Ciudad
Juárez: película, escenario y actores.

85

86

longevo gabinete. Cumplidas las condiciones, no había ya razón para que los "mexicanos lamentablemente equivocados o perversamente engañados" se negasen a deponer las armas. Madero, sin embargo, no da marcha atrás: no considera "suficiente garantía" una promesa de la administración y exige la dimisión del presidente Díaz y el vicepresidente Corral. Al enterarse de las declaraciones del Presidente, el viejo don Evaristo comienza a creer en el posible triunfo de "Panchito". El 6 de abril de 1911, quizá con esa convicción, muere.

Las pláticas continúan. El 23 de abril se pacta un armisticio de cinco días frente a Ciudad Juárez. Dos enviados oficiosos del Gobierno manejan la posibilidad de una diarquía casi bipartidista. El magistrado Francisco Carvajal trae, a principios de mayo, facultades plenas de negociación. La jefatura revolucionaria en pleno firma un acta de 14 puntos en la que detalla las condiciones del arreglo: entre otras, pago de haberes a las tropas revolucionarias, libertad a los presos políticos, nombramiento por el Partido Revolucionario de los secretarios de Guerra, Instrucción Pública, Gobernación, Justicia, Comunicaciones y Obras Públicas. La renuncia de Díaz no estaba prevista en los 14 puntos, pero sí se juzgaba necesaria.

En ese momento, Madero comienza a fluctuar. Firma el acta, al día siguiente se arrepiente y al poco tiempo se arrepiente de arrepentirse. Enfrentado a la dimisión de Díaz, presiente que se acerca el momento del triunfo y la necesidad de ejercer, por primera vez, el mando ejecutivo, no el de la oposición. Pero Madero sólo entiende el mando bajo el atributo de la magnanimidad. De allí que —según Vázquez Gómez— insista en la conveniencia de que, aun en el caso de que se pida la renuncia del general Díaz, se haga "en forma en que no se le lastime para ver si de esta manera se logra evitar mayor derramamiento de sangre..."

El 7 de mayo, en un manifiesto a la Nación, el Presidente admite que la rebelión de noviembre "paulatinamente ha ido extendiéndose", declara que "el espíritu de reforma ha invadido también la ad-

87. 5 de mayo de 1910 en Ciudad Juárez.
88. La auténtica Valentina.

89

90

89. Abraham González y Pascual Orozco, en la ciudad de México.

90. La película de la rebelión.

ministración pública de las entidades federativas" y —acto decisivo— concede implícitamente la posibilidad de renunciar "cuando su conciencia le diga que al retirarse no entrega el país a la anarquía". Cualesquiera que hubiesen sido sus intenciones, el manifiesto fortalece la causa revolucionaria.

Al día siguiente, frente a Ciudad Juárez, Madero duda una vez más. Su deseo es cesar el fuego, pero sus tropas, comandadas por Pascual Orozco y Francisco Villa, lo rebasan. El 10 la ciudad cae en manos de la Revolución. Tres días más tarde, Orozco y Villa reclaman a Madero la vida del general Navarro, comandante federal de la plaza. Madero se niega a concedérsela y sale de sus oficinas. Minutos después, "sudoroso y pidiendo agua para beber", llega a la casa en que se hospeda. El doctor Vázquez Gómez le pregunta:" ¿De dónde viene usted tan agitado?", a lo que Madero responde:

Vengo de llevar al general Navarro y a su estado mayor a la orilla del río, pues querían fusilarlos (...) Me los llevé en un automóvil hasta la margen del Bravo y de allí pasaron al otro lado.

El 21 de mayo se rubricaban finalmente los tratados de Ciudad Juárez con los que concluía la Revolución. El Presidente y el Vicepresidente dimitirían de sus cargos antes del fin de mayo; el secretario de Relaciones Francisco León de la Barra asumiría la presidencia interina para convocar a elecciones generales; el licenciamiento de tropas se efectuaría a medida que en cada estado se diesen condiciones de tranquilidad y orden. Cuatro días después, Porfirio Díaz presentaba su renuncia.

"Estoy más orgulloso por las victorias obtenidas en el campo de la democracia que por las alcanzadas en los campos de batalla", proclamó entonces Madero. Hasta ese momento tenía razón. La Re-

volución había sido particularmente incruenta. Nadie mejor que
José Vasconcelos para expresar ese instante estelar de la pasión maderista:

El propósito inicial de Madero era despertar el alma de la Nación
o crearle un alma a la pobre masa torturada de los mexicanos. No
predicaba venganzas (...) lo movía el amor de sus compatriotas
(...) A puertas abiertas empezó su carrera (...) nada de conspira-
ciones a la sombra; todo su corazón lo abrió a la luz y resultó que
toda la República le cupo dentro.

91. De la Barra condecora a un rural.

Derrota en la victoria

L A ESTRELLA maderista llegaba a su cenit. La algarabía del pueblo presagiaba todas las venturas para el Apóstol. En cada estación se le aclamó. Por donde pasaba se oían aplausos, vivas, repiques de campanas y cohetes. El 7 de junio de 1911 Madero hace su entrada triunfal en la ciudad de México, luego de un fortísimo temblor de tierra en la madrugada. Lo reciben 100 mil personas eufóricas, la quinta parte de la población total. Dos palabras mágicas pintadas en las bardas y en las conciencias resumían el momento: "¡Viva Madero!" La esposa de un diplomático extranjero apuntó en su diario esta imagen del libertador de 37 años: "Madero posee una sonrisa agradable y espontánea. Hay algo en él de juventud, de esperanza y de bondad personal." Aquélla era una fiesta de la libertad. Pero ¿cuáles eran las razones profundas de la algarabía? Daniel Cosío Villegas las expresó con sensibilidad y agudeza:

La bandera maderista era una verdadera reivindicación, mucho más general y más honda de lo que han creído los propios apologistas de la Revolución. Era la reivindicación de la libertad indivi-

92-93. Apoteosis.

Centro de Estudios de Historia de México
Condumex

94

95

94-95. Viaje triunfal.

dual para determinar la vida pública del país: era la reivindicación del individuo contra el poder opresor del Estado; de la ley ante la fuerza; del gobierno de instituciones contra el gobierno personal y tiránico; era el reconocimiento del viejo apotegma bíblico de que no sólo de pan vive el hombre, de que la satisfacción y el gusto del hombre proceden tanto del progreso material como de sentirse libre, incluso para resolver si quiere ese progreso, y en dónde, cómo y cuándo. Si se recuerda cuán vieja era la lucha del mexicano por la libertad; si se recuerda cuánto había sangrado por lograrla; si se recuerda que la tuvo en sus manos, hasta abusar de ella, en la República Restaurada; si se recuerda, en fin, que durante el porfiriato la pierde hasta olvidar su pura imagen; si se recuerda todo esto, tendrá que admitirse que el "sufragio efectivo" era una bandera revolucionaria con toda la flámula roja destinada a subvertir un orden de cosas.

Pero a la postre aquella fiesta de la libertad sería engañosa. Era la derrota en la victoria. Antes que a manos de sus enemigos, Madero cayó víctima de su propia congruencia mística, ideológica y moral. Dicho así, parece extraño o paradójico. No lo es. Madero había dedicado toda su vida política a combatir el poder absoluto y el poder personal, a promover la democracia (el gobierno del pueblo, por el pueblo y para el pueblo) y la libertad entendida como ausencia de coerción y como igualdad ante la ley. Con el tiempo, al hombre cuya idea fija era *liberar del poder* le llega el imperativo de ejercer el poder. Frente a sí tiene un dilema similar al de Morelos, que el propio

Madero había recordado en *La sucesión presidencial en 1910:* conservar el poder como caudillo militar o instalar un poder por encima de su poder. Igual que Morelos, muerto por anteponer a su poder el del Congreso de Chilpancingo, y —lo que es más significativo— a sabiendas de este antecedente, Francisco I. Madero puso ante sí la Constitución del 57.

Pero era natural. Su deber, su *karma* —como él diría— había sido *liberar* a los mexicanos y darles la oportunidad de gobernarse. A esas alturas de la partida a él no le tocaba jugar: era el turno de la Nación, era el turno de cada jugador del ajedrez democrático: jueces, legisladores, gobernadores, periodistas y electores en la capital, en cada estado, en cada municipio. Firme como libertador, le correspondía ser liberal como gobernante. Congruente con su visión del mundo, había "restablecido el imperio de la ley", había designado —como en aquellas palabras a Porfirio Díaz— "al sucesor más digno: la ley". Sólo faltaba que el pueblo y sobre todo la clase política hicieran su parte.

Dos de sus biógrafos más solventes —Charles Cumberland y Stanley R. Ross— atribuyen dos errores capitales a Madero: la concesión del interinato presidencial a Francisco León de la Barra y el licenciamiento de las tropas revolucionarias. El interinato implicaba vuelta al régimen porfiriano. De poco servía la remoción de algunos gobernadores si las legislaturas permanecían intactas y, por ende, adversas. Y nada más desalentador que licenciar a sus tropas: era tanto como privar de legitimidad a la Revolución. A la postre, Luis

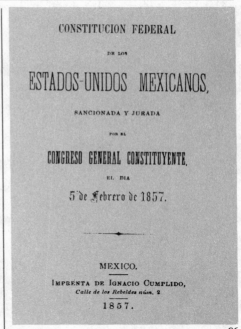

96

97

Archivo Fotográfico
Centro de Estudios de Historia de México
Condumex

98

96. Ahora sí se cumpliría.

97. Le correspondía ser liberal como gobernante.

98. Cumplió su *karma*.

99

99. Licenciamiento de los zapatistas en la fábrica La Carolina de Cuernavaca. En la mesa, Otilio Montaño, Gabriel Robles Domínguez y Emiliano Zapata.
100. De la Barra siempre lo obstruyó.

100

Cabrera tendría razón: "Un cirujano tiene ante todo el deber de no cerrar la herida antes de haber limpiado la gangrena." Pero Madero no era un cirujano sino un apóstol. Es significativo que así se le llamase en vida. Ponía toda su "fe en la capacidad del pueblo a gobernarse a sí mismo con serenidad y sabiduría". La única imposición que se permitiría era la no imposición. Ejercer la autocracia porfiriana —así fuese tenue o disfrazadamente— debió parecerle, si es que alguna vez lo pensó, un suicidio moral. Prefirió esperar a que la vida pública mexicana mostrara madurez democrática y usara responsablemente la libertad. Esperó en vano.

Según el embajador alemán Von Hintze, el objetivo del presidente De la Barra era socavar la legitimidad del futuro régimen maderista. Su mayor triunfo fue la escisión entre Zapata y Madero. El caudillo suriano confiaba en que Madero cumpliría la promesa de restitución de tierras hecha en el Plan de San Luis. Por su parte, Madero pretendía resolver el problema de modo paulatino, estudiado y pacífico, luego del licenciamiento de las tropas. A mediados de 1911 Madero viaja a Cuernavaca y Cuautla para entrevistarse con Zapata. Allí le aguardaba una recepción cariñosa y esperanzada:

MADERO: La condición esencial es que usted debe continuar teniendo fe en mí como yo la tengo en usted.
ZAPATA: Yo siempre seré el más fiel de sus subordinados.

Pero el pacto entre los dos era dinamita para el porfirismo sin Porfirio. Los hacendados y el gobernador presionaban al presidente De la Barra. En el Senado y la prensa de la capital se voceaba con histeria la "ferocidad del Atila del Sur". El verdadero Atila comandaba a los federales en Morelos: Victoriano Huerta. Muy pronto quedó claro que Madero y De la Barra perseguían fines distintos.

El 15 de agosto de 1911, desde Cuernavaca, Madero pide al presidente De la Barra "amplias facultades" para viajar a Cuautla y arreglar personalmente con Zapata el licenciamiento de tropas. Al mismo tiempo, le anticipa las condiciones del ejército suriano: nombrar un gobernador y un jefe de armas nativos de Morelos que ofrezcan garantías; cualquiera menos Figueroa, el rival guerrerense de Zapata. Tres días después, Madero se traslada a Cuautla. Como prueba de confianza frente a Zapata, a quien ha llamado "integérrimo general", Madero lleva a su esposa. Desde allí informa al Presidente que el licenciamiento empezaría tan pronto se cumpliesen algunos requisitos razonables: designar jefe de armas a Raúl Madero, traer tropas ex revolucionarias de Hidalgo, reconcentrar las tropas federales en Cuernavaca. Este punto era el más delicado, por la actitud de Huerta: "Difícil vencer la desconfianza (...) que no deja de estar justificada con la actitud asumida por el general Huerta, que sin órdenes expresas avanzó hasta Yautepec (...)"

El 19 de agosto, Madero envía dos comunicaciones. La primera muestra preocupación:

101-102. De la película *Viaje del señor Madero al sur.*

...lebradísima tiple María Conesa.

SALON ROJO.

Mucho gustaron al numeroso público que concurrió ayer al Salón Rojo, las películas que representan los viajes de Francisco I. Madero de Ciudad Juárez á México y de esta ciudad á Cuernavaca.

En vista de la buena acogida que han tenido estas películas, hoy serán exhibidas nuevamente.

Tocará la banda del Estado Mayor.

El próximo domingo habrá por la

101

SR. MADERO, HABLANDO AL PUEBLO.

Nº 210.

ES PROP. 1911. MEX.

102

103

Huerta y Blanquet son muy odiados en esta región, y como a mí me engañó el primero, estas gentes en su desconfianza llegan hasta temer que con cualquier pretexto desobedezca al Gobierno para provocar un conflicto, pues parece que es lo que desea.

En el mismo texto, sugería ya que se instalara una Comisión Agraria Local. Horas más tarde, el tono es de alarma. Huerta ha atacado Yautepec:

Tengo datos y fundamentos suficientes, para asegurar a usted que el general Huerta está obrando de acuerdo con el general Reyes, y no dudo que su proyecto sea alterar el orden con cualquier pretexto y con fines nada patrióticos.

No sólo los zapatistas repudiaban a Huerta y Blanquet y desconfiaban de De la Barra. También la propia madre de Madero, doña Mercedes González Treviño, que en esos días le escribe:

103. Dos hombres de fe en Yautepec.

El objeto de ésta es decirte (...) que quites las fuerzas federales. No andes con contemplaciones, impónte un poquito al mismo De la Barra porque si no tendremos que batallar (...) hay que quitar a Huerta (...) a Blanquet haz por mandarlo lejos, están haciendo la contrarrevolución.

Sin imponerse ni "un poquito" a De la Barra, Madero anuncia a éste su salida a Yautepec. La conducta de Huerta le parecía "algo sospechosa (...) atacó Yautepec contra órdenes de usted", recibiendo a tiros al presidente municipal, que iba con bandera blanca. Por fin, el 20 de agosto De la Barra —*el Presidente blanco*— da color: se detendría el avance federal, pero a condición de que Zapata depusiera las armas y licenciase sus tropas en 24 horas. Por su parte, Madero insiste en la salida de Huerta y Blanquet: "Las noticias que usted ha recibido respecto a los desmanes de Zapata son grandemente exageradas (...) sé lo que se dice de Zapata en la ciudad de México —agregaba— y eso no es exacto. Los hacendados lo odian porque es un obstáculo para la continuación de sus abusos y una amenaza para sus inmerecidos privilegios." De la Barra, en cambio piensa, que "es verdaderamente desagradable tratar con un individuo (Zapata) de tales antecedentes", reafirma sus condiciones y defiende a Huerta como "militar pundonoroso y leal". El 25 de agosto Madero escribe a De la Barra una carta amarga en que se queja de varios actos del Presidente. Uno de ellos había sido el envío de Huerta al Estado de Morelos.

Para ponerle a usted el ejemplo más saliente me referiré al envío de Huerta a Morelos. Este general es bien conocido en todas partes por sus antecedentes reyistas. Usted ha visto el modo tan in-

104. Banquete en los jardines de La Borda.
105. Fuerzas de Victoriano Huerta en la hacienda de San Gabriel en Yautepec. ▶

104

106

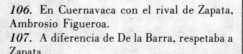

106. En Cuernavaca con el rival de Zapata, Ambrosio Figueroa.
107. A diferencia de De la Barra, respetaba a Zapata.

digno como me trató en Cuernavaca, pues a pesar de que tenía instrucciones de usted de obrar de acuerdo conmigo, no sólo no lo hizo, sino que se burló de mí. Además, todos sus actos han tendido a provocar hostilidades en lugar de calmarlas. Pues bien, el nombramiento del general Huerta no fue sugerido por su actual subsecretario de Guerra, que era el indicado para ello, sino por personas extrañas, puesto que usted hizo la designación directamente. Comprendo que está usted, bajo el punto de vista constitucional, en perfecto derecho de hacerlo; pero si usted siguiera obrando de acuerdo con el Partido nuestro, que es el 99 por ciento de la Nación, hubiera preferido inspirarse con el subsecretario de Guerra, y no con personas extrañas.

Por si faltaran datos confirmatorios, Madero recordaba al Presidente que Huerta había ofrecido ocho mil pesos al director de *El Hijo del Ahuizote* para que se hiciera reyista. Pero el punto más delicado no era la actitud de Huerta sino la de los campesinos zapatistas, a quienes no se podía ni debía traicionar. Las condiciones pactadas por Madero eran las mismas de un principio. Aunque había salido de Morelos prometiendo a Zapata que sus demandas se cumplirían al llegar él a la Presidencia, insistía con León de la Barra en la necesidad de hacerlas efectivas cuanto antes:

Usted comprende que en este caso sí va mi honor de por medio.
Si yo intervine en este asunto, exponiendo mi vida, como a usted le consta, y haciendo grandes sacrificios, fue movido por el deseo de evitar un serio conflicto; pero no quise ir sin llevar las proposiciones de usted que sabía yo serían admisibles para ellos.
Esas condiciones las acordaron ustedes en Consejo de Minis-

tros y me las comunicó usted en presencia de Ernesto (Madero).
Si ahora no se cumple con lo que yo ofrecí en nombre de usted,
con aprobación del Consejo de Ministros, yo quedo en ridículo y
no sólo eso, sino que pueden creer que fui a traicionarlos engañán-
dolos y a esto sí no puede resignarme, por cuyo motivo si no se
cumplen esos compromisos contraídos en Morelos, en la forma
que usted guste, pues deseo que el Gobierno salve completamente
su decoro; si no se arregla esto, digo, me veré en el forzoso caso
de hacer declaraciones públicas a fin de que todo el mundo sepa
cuál fue mi proceder en este caso.

Le repito que esto último me será muy sensible; pero mi dignidad y mi honor me obligan a ello, pues yo nunca he sido de los políticos que van a engañar al adversario para desarmarlo; siempre
he atacado a mis enemigos frente a frente.

Para su desgracia, quizá por "no hacer declaraciones públicas"
Madero cargó con un doble estigma en la mente de los zapatistas: no
logró que sus condiciones se cumplieran y los "traicionó engañán-
dolos". Sólo así se entiende la rapidez con que el movimiento suriano rompería con él en noviembre de 1911, a los pocos días de haber
asumido el poder.

Se ha dicho que, independientemente de las intrigas de De la Barra y el papel de Huerta en el avivamiento de la disputa, Madero no
se avino con Zapata. Había entre ellos, es verdad, una diferencia cultural
importante. Zapata hablaba desde un pasado histórico remoto, reivindicaba derechos coloniales, un orden casi mítico de unión con la
tierra. Madero era al fin un liberal que no entendía la propiedad co-
munal de la tierra. Pero también era un demócrata, un cristiano
igualitario que, al contrario de De la Barra, respetaba a Zapata. Madero y Zapata diferían en los procedimientos. Los separaron los

108. En Mezcala recibe la petición de un
campesino.
109. Reivindicaba un pasado casi mítico.

108

109

110

hombres y los intereses. No obstante, en términos de dignidad humana sus fines no eran distintos.

La nota característica del interinato fue la ambigüedad. El triunfador de la Revolución había aceptado retardar la aplicación de los frutos de su victoria, renunciando de hecho a ejercer por un tiempo el poder. Al actuar de este modo había sido el primero en negar la legitimidad revolucionaria. De poco le sirvió amparar su actitud en la legitimidad constitucional que pensaba haber rescatado. La mayoría de los revolucionarios no lo entendieron así, y se sintieron confundidos, desilusionados e incluso traicionados. El antiguo régimen, casi intacto, vio la oportunidad de llenar el vacío y acopiar fuerzas para revertir, en su momento, la Revolución. Así, aun antes de llegar a la Presidencia, Madero fallaba ante tirios y troyanos.

Toda la fuerza y sabiduría que había puesto al servicio de la liberación parecía voltearse en contra suya al llegar el momento del mando. Cualquier distraído lector del mapa político a mediados de 1911 podía advertir la madeja de contradicciones causadas por el hombre que hubiese servido mejor a su ideal empleando un adarme siquiera de malicia. Lo más notable, como prueban sus cartas a De la Barra, es que Madero sabía cada movimiento de sus enemigos en el mapa político, pero confiaba en desvanecer su influencia imponiendo lentamente sobre ellos el sereno contorno de su mapa espiritual. Así, mientras en el mundo real los hombres manifestaban sus pasiones, Madero seguía viviendo, como le aconsejaba el espíritu en 1908, en "un mundo ideal", a tal grado que en 1911 publica, bajo el seudónimo de Bhima, un *Manual espírita* en el que reflexiona sobre la política como una derivación pura de la moral:

110. Con Ángel García Peña y Pedro Lascuráin en una ceremonia.

Es indudable que si todos los hombres de bien hicieran a un lado sus egoísmos y se mezclasen en los asuntos públicos, los pueblos estarían gobernados sabiamente y serían los hombres de más mérito y virtud los que ocuparían los puestos más elevados; y es natural que hombres así harían el bien y acelerarían la evolución de la humanidad, no sucediendo lo mismo con los hombres malvados que con tanta frecuencia ocupan dichos puestos, porque a más de no gobernar sino en vista de sus propios y mezquinos intereses, dan un ejemplo pernicioso a las masas que sólo ven recompensado el éxito obtenido aun a costa del crimen, y ello significa un estímulo para las malas tendencias, a la vez que un gran obstáculo para la virtud, porque, en tales condiciones, el hombre bueno y virtuoso es víctima de toda clase de persecuciones, mientras el malvado que se amolda a la situación es recompensado. En un país gobernado por hombres perversos, el vicio y el crimen son recompensados y la virtud perseguida, lo cual influye, poderosamente, en el ánimo de una gran mayoría que, insensiblemente, se acostumbra a considerar práctico y conveniente todo lo que tiende a armonizarla con tal situación, y sueños, utopía, locura, todo lo que signifique tendencias nobles y elevadas.

Sin calibrar el desgaste político de aquellos largos y ambiguos meses, Madero pensaba que, en una esfera superior a la política o en una esfera de política superior, su triunfo había sido tan absoluto y total como su fe. No eran el maderismo ni sus ejércitos los que habían vencido; era la Providencia misma. Por eso no vacila en decretar la paz perpetua, el licenciamiento de tropas, el orden constitucional y la fraternidad general. Por eso su presidencia parecería, por momentos, una extraña y solitaria festividad en la que el Presidente, "sonríe siempre, invariablemente sonríe". Si había vencido al mismísimo don Porfirio, ¿cómo dudar de la virtud y la bondad puestas al servicio de la humanidad? ¿Y quién, ante tal oportunidad histórica, podía pensar que se trataba de "sueños, utopía, locura"?

111. Panfleto.
112. Propaganda.
113. Decreta la fraternidad general.

También los espíritus votan.

Profundamente agradecidos: los espíritus que alentaron la carnal envoltura de las víctimas de Covadonga y Atencingo, postulamos al MAGNANIMO APOSTOL DE LA DEMOCRACIA

D. Francisco I. Madero

para la Presidencia de la República; y al CULTO, INTEGERRIMO Y TAN CALUMNIADO

Gral. D. Emiliano Zapata

para la Vicepresidencia de la misma.

Muchas firmas.

ADHESION:

Los espíritus de los Chinos asesinados en Torreon: aplaudimos calurosamente y con todo entusiasmo nos adherimos á la anterior postulación, que formulan nuestros compañeros de Paraíso, (en el que no existen Nacionalidades), y la cual es la única garantizadora del orden y que dá plenas garantías á los extranjeros domiciliados en la República.

Trescientas veinte firmas ilegibles.

111

113

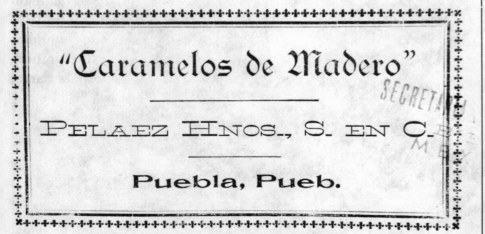

"Caramelos de Madero"

PELAEZ HNOS., S. EN C.

Puebla, Pueb.

112

Gobierno democrático

E N NOVIEMBRE de 1911, Madero llegó por fin a la Presidencia, gracias a la votación más libre, espontánea y mayoritaria de nuestra historia contemporánea. Gobernó 15 meses, con tales dificultades que, a la distancia, su periodo semeja más bien un milagró de supervivencia. Madero —hay que reconocerlo— no tenía un pelo de diplomático. No actuaba por cálculo sino por pálpito. Casi siempre parecía abstraerse de la realidad o transitar por encima de ella. Su gabinete —integrado por elementos heterogéneos en nombre de una conciliación ideal— fue inestable e ineficiente. El Senado, que ejerció en su contra una tenaz oposición, desacreditó y paralizó los intentos de reforma. Aunque a partir de 1912 la legislatura era en su mayoría maderista, dominaba el veneno oratorio contra el Ejecutivo. Hubo problemas de gobierno en 11 estados. Pero nada tan irresponsable y persistente como el ataque de la prensa. Llovieron los chistes, los apodos, las caricaturas, los rumores:

Al presidente Madero —escribió Manuel Bonilla— lo acusaron aquellos periódicos, y muchos tribunos también, de ser corto de estatura; de no tener el gesto adusto y duro el mirar; de ser joven; de querer a su esposa y respetarla; de amar y respetar a sus

114. El Presidente demócrata.
115-116. Democracia sin adjetivos.

115

117

118

119

padres; de no ser general; de decir discursos; de comer sujetándose a la dieta vegetariana por estar enfermo del estómago; de tener hermanos; de ser optimista; de no tener miedo; de haber saludado a Emiliano Zapata dándole un abrazo y de haberle dicho, tratando de atraerlo al sendero de la paz, que lo creía un hombre integérrimo; de no ser asesino; de estudiar el espiritismo y ser masón; de ser nepotista —sin fijarse en que su nepotismo lo ejerció para exponer a sus familiares a los riesgos de la guerra—; de haber subido en aeroplano; de bailar, y naturalmente, de haber impuesto a Pino Suárez.

Era una paradoja cruel que la prensa, cuyo sustento y razón de ser es la libertad de expresión, pidiese implícitamente, a todo lo largo del régimen maderista, la vuelta al silencio porfiriano. No faltó quien sugiriese al Presidente revivir la *Ley Mordaza*, pero Madero se negó siempre a coartar la libertad de prensa, "tan necesaria —había dicho en agosto de 1911— para que cumpla su alta misión". Mientras tanto, periódicos como *El Mañana* entendían que su "alta misión" era sostener tesis como ésta: "Qué nos queda del orden, la paz, la prosperidad interna y del crédito, del respeto y prestigio en el extranjero que México gozaba bajo el gobierno del general Díaz." Por eso Gustavo, el influyente hermano de Madero, afirmaba que "Los diarios muerden la mano que les quita el bozal". El propio

117. "¡Qué bien salimos Reyes y yo!"
118. "Mejor los votos que los fusiles, señor general."
119. El yucateco José María Pino Suárez.

Francisco Bulnes —no precisamente un maderista— escribiría años después: "La prensa dirigía una campaña salvaje en favor del regicidio." No obstante, Madero, congruente siempre, rehusó el empleo de los métodos de la dictadura: "Prefiero hundirme en la ley que sostenerme sin ella." En todos los casos su actitud siempre fue la misma: preservar el ideal democrático para que la impura realidad lo alcanzara.

También fue lamentable la mofa de algunos intelectuales. Desde 1910, José Juan Tablada —por lo demás, excelente poeta— había escrito la farsa llamada "Madero Chantecler", que en algún momento proclamaba:

> ¡Qué paladín vas a ser!,
> te lo digo sin inquinas.
> Gallo bravo quieres ser,
> y te falta, Chantecler,
> lo que ponen las gallinas

que fue justamente lo que nunca le faltó a Madero. Muy procos intelectuales lo comprendieron; pocos, pero ilustres. Uno de ellos, el

120. Farsa de José Juan Tablada.
121. Libre manifestación contra la libertad.

120

122

123

122. Soto y Gama defiende la libertad de imprenta.
123. El poeta maderista Ramón López Velarde.

poeta Ramón López Velarde, que había colaborado en la redacción del Plan de San Luis, escribe en abril de 1912 estas líneas a un amigo escéptico:

> (...) yo sí soy de abolengo maderista, de auténtica filiación maderista y recibí el bautismo de mi vida política en marzo de 1910, de manos del mismo hombre que acaba de libertar a México (...) una de las satisfacciones más hondas de mi vida ha sido estrechar la mano y cultivar la amistad de Madero, y uno de mis más altivos orgullos haber militado como el último soldado del hombre que hoy rige el país (...) si la administración de Madero resultase el mayor de los fracasos, eso no obstante, sería yo tan lealmente adicto a Madero, como le he sido desde la tiranía del general Díaz (...)
> No estaremos viviendo en una República de ángeles, pero estamos viviendo *como hombres*, y ésta es la deuda que nunca le pagaremos a Madero.

Además de la oposición política, Madero tuvo que afrontar —entre otras, y aparte de la zapatista— tres rebeliones particularmente serias: las de Bernardo Reyes, Pascual Orozco y Félix Díaz. En una entrevista con Madero en julio de 1911, Reyes se había comprometido a luchar con lealtad democrática por el poder, pero poco tiempo después sus maniobras subversivas se volvieron secreto a voces. Por fin, el 14 de diciembre de 1911, entra al país por la frontera norte. Era tarde. Durante toda la primera década del siglo un amplio sector del país hubiese respondido como un solo hombre al llamado de Reyes, pero después de su repetida y, por momentos, indigna sumisión ante Díaz, y luego del triunfo maderista, nadie le hizo eco. A los once días de su frustrada rebelión, el antiguo procónsul del Noroeste se rinde en Linares. Porfirio Díaz, el místico de la autoridad, lo hubiese fusilado; Madero, el místico de la libertad, lo confina en la prisión de Santiago Tlatelolco.

En marzo de 1912 estalla en Chihuahua la rebelión de Pascual Orozco, una revuelta sin más programa que el resentimiento de aquél y sin más apoyo popular que el del terrateniente Terrazas. En un principio, los rebeldes derrotan a las fuerzas federales al mando del general José González Salas, quien, temeroso del arpón de la prensa, se suicida. Lo reemplaza el general Victoriano Huerta, que doblega al enemigo en Rellano, Bachimba y Ojinaga. En septiembre de 1912 Orozco huye a los Estados Unidos, pero Huerta no puede saborear su triunfo: ha reñido con el presidente Madero a propósito de la supuesta insubordinación de Francisco Villa por la que él,

124

Archivo Fotográfico
Estudios de Historia de México

125

127

128

◄ *124.* Caricatura hecha por el *Chango* García Cabral.

◄ *125.* Año de la libertad.

126. Victoriano Huerta con el coronel Rubio Navarrete a su regreso de Chihuahua.

127. Emilio Campa y José Inés Salazar, generales orozquistas.

128. Madero en los funerales del general González Salas.

Huerta, había ordenado un fusilamiento que el Presidente conmuta. El 15 de septiembre Huerta se emborracha —según su hábito— en la cantina El Gato Negro de Ciudad Juárez y comenta a sus oficiales: "Si yo quisiera, me pondría de acuerdo con Pascual Orozco y con veintisiete mil hombres iría a México a quitar a Madero de Presidente." Al enterarse de la bravata, el general Ángel García Peña, nuevo ministro de Guerra, lo destituye del mando. Días más tarde, Madero concede a Huerta el rango de general de división. Al hacerlo, no lo mueve, por esta vez, la bondad sino la conveniencia de tenerlo aplacado. Con toda su aparente inocencia, Madero no olvidaba que su historia personal con Huerta estaba tapizada de traiciones.

En octubre de 1912 estalla en Veracruz la revuelta del "sobrino de su tío", como se conocía a Félix Díaz. Su programa era tan restaurador como su apellido: "Reivindicar el honor del ejército pisoteado por Madero." A los pocos días el sobrino se rinde y es confinado en San Juan de Ulúa. En París, el tío pronuncia un epitafio para el sobrino: "Pobre Félix." Una vez más, Madero considera seriamente la necesidad de fusilarlo. Entonces la prensa y la "alta sociedad" le llaman déspota y tirano. Madero parece dispuesto a no ceder, pero de pronto se le interpone un artículo de fe en el credo democrático: la división de poderes. Invadiendo la jurisdicción militar, la Suprema Corte de Justicia ampara al sobrino, quien termina preso pero vivo. Y así, de nueva cuenta, Madero falla ante tirios y troyanos: unos lo tildan de débil y vacilante, otros no le conceden siquiera el atributo de la piedad.

A pesar de haber doblegado estas y otras rebeliones, para fines de 1912 Madero se hallaba políticamente solo. Así lo percibió el embajador de Cuba, Manuel Márquez Sterling, quien a su arribo escuchó estas declaraciones:

Ha venido usted en mala época, señor ministro; y pronto ha de ver al Gobierno hecho pedazos y a Madero acaso navegando hacia Europa. Es un apóstol a quien la clase alta desprecia y de quien las clases bajas recelan. ¡Nos ha engañado a todos! No tiene un átomo de energía; no sabe poner al rojo el acero; y ha dado en la manía de proclamarse un gran demócrata. ¡No fusila, señor! ¿Cree usted que un Presidente que no fusila, que no castiga, que no se hace temer, que invoca siempre las leyes y los principios, puede presidir? El mundo todo es mentira. ¿Cómo pretende Madero gobernarnos con la verdad? Si dentro del Apóstol hubiera un don Porfirio oculto y callado, México sería feliz.

129

131

131. "Importa tanto dar a conocer lo que Madero intentó, proyectó, y todo lo que no lo dejamos realizar."
132. Con Henry Lane Wilson.

132

En realidad, el cuadro global del país era mucho menos alarmante de lo que el nostálgico interlocutor de Márquez Sterling afirmaba. El pueblo, que se había volcado con armas y con votos en apoyo de Madero, no había respondido a ninguna de las rebeliones. Hasta en los hoscos dominios de Emiliano Zapata la revolución campesina cedía ante la política humanitaria y democrática del nuevo comandante de la Zona, Felipe Ángeles. Los negocios seguían con normalidad, crecían los activos bancarios y las exportaciones, pero la realidad se contagiaba poco a poco de los rumores, las distorsiones y la atmósfera de desconfianza, creada artificialmente por la prensa. La prueba perfecta de histeria la dio a mediados de 1912 el embajador norteamericano Henry Lane Wilson. En plena rebelión orozquista pidió con urgencia a su gobierno que evacuase por mar a los "refugiados" de su nacionalidad. Dudando un poco de las alarmas de Wilson, el Departamento de Estado envió a las costas de Sinaloa un barco —el *Buford*— con capacidad de 500 personas. Para sorpresa de la tripulación, los "refugiados" del anárquico país sumaban sólo 18 individuos. El incidente provocó la mofa de *The Times* de Londres:

El gobierno de Washington (...) alarmado ante la noticia de inminentes estallidos antinorteamericanos, envió recientemente un crucero a lo largo de la costa del Pacífico para recoger a los refugiados. Los únicos refugiados recogidos hasta ahora, sin embargo, parecen ser personas que deseaban viajar gratis hasta San Diego. Otras historias alarmantes han resultado, al ser investigadas, igualmente exageradas.

La histeria ocultó también la obra del régimen. "Importa tanto —decía Vasconcelos— dar a conocer lo que Madero intentó, proyectó, y todo lo que no le dejamos realizar." Al mes de haber llegado a la Presidencia creó el Departamento de Trabajo. Propició la Primera Convención de la Industria Textil, que reglamentó y humanizó el trabajo en las fábricas. Madero fue el primer Presidente que legalizó la libertad sindical y de huelga. En su periodo se creó la Casa del Obrero Mundial.

Sobre su política agraria las opiniones de los historiadores se dividen. Comparada con la de Cárdenas, es cierto, la actividad de Madero palidece; pero en lo económico su proyecto para el campo no era muy distinto del que llevaron a cabo Obregón y Calles, y en lo político era sin duda más respetuoso de la autonomía local. "Estoy de acuerdo —escribió en 1909— en que la división de la propiedad con-

133

134

133. Legalizó la libertad sindical.
134. Huelga de tranviarios en tiempos de Madero.
135. "Lo planeó todo e hizo mucho." ▶

136

tribuirá gradualmente al desarrollo de la riqueza nacional (...) será una de las bases más fuertes de la democracia.'' Como buen administrador, lo planeó todo e hizo mucho: propuso la educación agrícola, reorganizó el crédito al campo, proyectó la colonización, la conservación de recursos forestales y el deslinde y venta de tierras nacionales, creó siete estaciones de experimentación agrícola. No le importaba únicamente la productividad: también la justicia. Así lo comprobó el agudo economista porfiriano Carlos Díaz Dufoo, al entrevistarse con Madero a mediados de 1912.

El señor Madero me explicó su intención y lo que de mí esperaba. A borbotones y algo incoherentemente me expuso su pensamiento generoso. Él había visto los sufrimientos de la gleba agrícola y se sentía impresionado por su condición social y económica. Sobre todo le sublevaba el estado de servidumbre en que, por razón de los ''anticipos'', yacían los campos.

136. Una comisión yaqui lo visita.

—¿No habría modo —me decía— de limitar esos anticipos de modo que no enajenen su libertad como sucede ahora? Usted no sabe cómo esclavizan esos "anticipos" a los pobres braceros agrícolas.

En resumen lo que el señor Madero quería era una ley que hiciera añicos la situación que en un determinado periodo de la evolución de los pueblos marca el régimen del trabajo. ¿Podía o no podía hacer el Poder Público este milagro?

La idea de hacer de la restauración de tierras ejidales y la expropiación técnicas de reforma agraria tomó carta de legitimidad también en tiempos de Madero. Pacíficamente, el grupo renovador de la Cámara acaudillado por Luis Cabrera lo convencía de que "La Revolución es la Revolución". Ningún testimonio mejor para probarlo que el de Andrés Molina Enríquez:

El gobierno de Madero debería ser considerado como el gobierno más agrarista que hemos tenido. Éste duró un año, y si hubiera durado los cuatro de su periodo, la cuestión agraria probablemente hubiese sido resuelta. La gran masa de la Nación siempre ha creído eso, y por ello ha llorado sobre la tumba de Madero.

En otros ámbitos de política social y económica, el avance era igualmente claro: se abrieron escuelas industriales y rudimentarias, comedores escolares y museos como el de Apatzingán; se llevó a cabo el Primer Congreso de Educación Primaria. Se dieron nuevas concesiones ferrocarrileras en el Sureste; se creó la inspección de caminos, carreteras y puentes; se iniciaron los trabajos de las carre-

137. En la educación, el avance fue claro.

teras México-Puebla, México-Toluca e Iguala-Chilpancingo. Se impuso una nueva política fiscal a las compañías petroleras.

Con ser tantos, los cambios mayores no ocurrieron en el aspecto material sino en el político. Madero respetó escrupulosamente la independencia de poderes: nunca intervino en el Poder Judicial, propició la más amplia pluralidad en el Legislativo (donde efímeramente pudo tener voz y voto el Partido Católico) y no movió un dedo para acallar al cuarto poder: la prensa. Mediante una ley electoral, introdujo el voto universal y directo. Otra de sus viejas preocupaciones, "devolver a los ayuntamientos su personalidad política", fue objeto de estudio por una comisión especial, pero Madero no necesitó su dictamen para respetar el federalismo. A su gestión se debe la política de descentralización más decidida y clara de la historia reciente. Durante su régimen, sin la tutela del centro, el gobernador de Chihuahua, Abraham González, inició una reforma fiscal, creó tribunales de arbitraje laboral, incrementó la productividad agrícola, desterró las tiendas de raya y dio un impulso enorme al municipio libre. En Coahuila, desembarazada ya de rurales, burócratas y señoritos de la capital, Venustiano Carranza expidió una ley catastral, gastó ¡375 mil pesos! en educación, acabó con los odiados prefectos, forzó a los hacendados a cultivar o a vender y, en fin, se rodeó —no sin tensiones con Madero— de un contingente militar propio que le permitiría, meses después, combatir a Huerta. En su último informe al Congreso, Madero mencionó avances en su política internacional (revaloró las relaciones con Latinoamérica), pero, a la luz del monstruoso centralismo posterior, nada parece más sabio que su deliberado intento de descentralización. Incluso en términos sociales, ¿no merecía el mosaico agrario mexicano un trato discriminado y autónomo en cada región, como proponía Madero?

Su mayor prenda de orgullo era la congruencia entre su programa revolucionario y su política:

138. En tiempos felices con Pascual Orozco y Abraham González.
139. Santo laico.

139

140

(...) el Ejecutivo Federal (...) ha respetado la ley, a cuyo amparo ha puesto aun los derechos de sus propios enemigos (...) los más sañudos enemigos de la Revolución, los que la combaten en el campo de la política, deben confesar que gracias a ese movimiento que hoy condenan, pueden ejercer derechos consagrados por la Constitución que en épocas anteriores rara vez podían ejercitarse.

Sólo esa congruencia explica la fuerza interna de su mensaje al Congreso de septiembre de 1912:

(...) si un gobierno tal como el mío (...) no es capaz de durar en México, señores, deberíamos deducir que el pueblo mexicano no está preparado para la democracia y que necesitamos un nuevo dictador que, sable en mano, silencie todas las ambiciones y sofoque los esfuerzos de aquellos que no entienden que la libertad florece solamente bajo la protección de la ley.

141

Para Madero, como se ha dicho era evidente que *su* deber trascendental había sido dar la libertad política al pueblo mexicano. A su juicio, el deber del pueblo mexicano consistía en ejercerla con responsabilidad. No podía —por definición— forzar ese ejercicio: sólo podía propiciarlo, a riesgo de que la libertad se devorase a sí misma. La pureza de sus convicciones no le impedía ver las posibles soluciones intermedias, pero ceder a ellas debió estimarlo indigno. No hay en su actitud sombra de ingenuidad o inocencia: ambas presuponen miedo, pasión que Madero apenas conocía. Hay, eso sí, incapacidad para el arte de la política, para la relojería de los medios y los fines. Misteriosa incapacidad del apóstol que, como en otros momentos de la historia humana, ahoga por la fuerza de su propia coherencia la realización práctica de su apostolado.

140. Convención Nacional Católica, Francisco Somellera platica con el vicepresidente de la misma.

141. Se propuso liberar, no mandar.

Martirio

ESTÁ EN LA NATURALEZA trágica de los apóstoles que su calvario se conozca mejor que su obra, o que, en cierta forma, su calvario *sea* su obra. De allí que la Decena Trágica constituya el episodio más conocido del maderismo. Todos tenemos grabadas las imágenes centrales. Manuel Mondragón parte de Tacubaya el domingo 9 de febrero de 1913 a liberar a Félix Díaz y Bernardo Reyes. Los aspirantes del Colegio Militar, que han tomado Palacio Nacional por orden de los conspiradores, ceden ante la arenga del fiel general Lauro Villar. Esto no lo sabe el general Reyes, que, creyendo franca la entrada en Palacio, muere a sus puertas.

143

142. Una alma visita a otra.
143. Bernardo Reyes abandona la prisión de Santiago Tlatelolco...
144. ...y la vida.
145. El fiel general Lauro Villar.

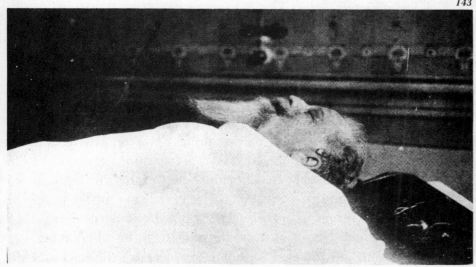

144

145

146

147

*Entrada de Fran^co Madero. Día del
Palacio Nacl. 9 Febrero 1913. Pronunciamiento*

148

149

146-149. El gran Quijote acude a Palacio
Nacional.

Para infortunio del Presidente, Villar es herido. Madero baja a caballo desde el Castillo de Chapultepec, escoltado por cadetes del Colegio Militar (Casasola le toma la más dramática y quijotesca de sus fotos). Díaz y Mondragón se apoderan de la Ciudadela, con parque suficiente para resistir largo tiempo. Madero cede a los ruegos y a las patéticas confesiones de lealtad que le hace Victoriano Huerta y le encomienda la Comandancia Militar de la Plaza en sustitución de Villar. La ciudad vive días de angustia, estruendo y muerte. El día 11 hay más de 500 muertos y heridos. Se entabla un bombardeo continuo entre federales y alzados, pero los observadores perciben movimientos extraños: Huerta sacrifica hombres, pero se resiste a tomar la Ciudadela; Díaz y Mondragón sacrifican hombres, pero sus obuses no dañan puntos claves de la plaza. Pocos saben del arreglo que se fragua en silencio bajo el manto protector del embajador norteamericano Henry Lane Wilson. Desde el principio ha odiado a Madero. Sus informes al Departamento de Estado son un compendio perfecto de arrogancia, mentira calculada e histeria. El propio presidente norteamericano Taft desconfía de Lane Wilson. El embajador, no obstante, pasa de la campaña de descrédito a la intervención. Ese día escribe a su colega alemán, Von Hintze:

> El general Huerta ha estado sosteniendo negociaciones secretas con Félix Díaz desde el comienzo de la rebelión; él se declararía abiertamente en contra de Madero si no fuera porque teme que las potencias extranjeras le habrían de negar el reconocimiento (…) yo le he hecho saber que estoy dispuesto a reconocer cualquier gobierno que sea capaz de restablecer la paz y el orden en lugar del gobierno del señor Madero, y que le recomendaré enérgicamente a mi gobierno que reconozca tal gobierno.

Lane Wilson está en el centro mismo de la conjura: pone contra Madero a parte del cuerpo diplomático, profiere por su cuenta amenazas infundadas de intervención militar, evita todo posible armisticio. Para él Madero es, textualmente, un "tonto", un "lunático", a quien "sólo la renuncia podrá salvar". "La situación —comenta al ministro de Cuba— es intolerable: *I will put order* (yo pondré el orden)." Y tiene que hacerlo rápidamente: el 4 de marzo tomará posesión Woodrow Wilson como Presidente de los Estados Unidos y el cuadro cambiará en favor de Madero.

150. Piden armas para combatir a Félix Díaz.
151. Desde la fotografía Daguerre.

152

Por su parte, Madero no se inmuta. Sigue siendo, ante todo, hombre de fe. Recuerda cómo en 1871 Juárez resistió en la ciudad de México el embate rebelde de Porfirio Díaz gracias al apoyo de Sóstenes Rocha y está dispuesto a reencarnarlo. Y si había vencido a don Porfirio, ¿cómo no derrotaría a los generales sublevados? Por lo demás, para el día 16 tenía en sus manos un telegrama del presidente Taft en el que, si bien se reflejaba preocupación, se descartaba oficialmente cualquier peligro de intervención. Días después, con el telegrama en mano, responde a los senadores que —como los diplomáticos— le pedían infructuosamente la renuncia: "No me llama la atención que ustedes vengan a exigirme la renuncia porque, senado-

152. Inmunidad.
153-154. Víctimas y victimarios.

res *nombrados* por el general Díaz y no electos por el pueblo, me consideran enemigo y verían con gusto mi caída."

No estaba dispuesto a dimitir. "Moriría, si fuera necesario, en cumplimiento del deber." A su leal amigo, José Vasconcelos, le confía por aquellas fechas:

Luego que esto pase cambiaré de gabinete (...) sobre ustedes los jóvenes caerá ahora la responsabilidad (...) verá usted, esto se resuelve en unos días, y en seguida reharemos el gobierno. Tenemos que triunfar porque representamos el bien.

Representaba el bien, pero esta vez no triunfaría. Su hermano Gustavo y el tribuno Jesús Urueta descubren por azar, el día 17, que Huerta está en arreglos con Díaz. Gustavo prende personalmente a Huerta y lo lleva ante Madero. El Presidente presta oídos a los ruegos de Huerta, que niega su participación en la conjura y promete apresar a los rebeldes en 24 horas. Es el momento clave. Madero toma una decisión suicida. A pesar de los antecedentes porfiristas y reyistas de Huerta, a pesar de la indignidad y la burla con que lo había tratado en el asunto de Morelos en agosto de 1911, a pesar de que su propia madre le había prevenido alguna vez sobre el "contrarevolucionario" Huerta, a pesar de las bravatas de Huerta en Ciudad Juárez, a pesar de los rumores de una reunión temprana de Huerta con Díaz en la pastelería El Globo y a pesar, ahora, de confirmar sus arreglos con los rebeldes, Madero libera a Huerta y le concede las 24 horas que solicitaba para comprobar su lealtad. ¿Por qué lo hizo? Acaso, como creía Vasconcelos, porque en la víspera de la derrota injusta sobreviene en el hombre de bien una especie de parálisis. Quizá como un reto a la Providencia que siempre le había sonreído. O por ofrecer la otra mejilla, o por amar al enemigo, o tal vez por efectuar el primer acto abierto y deliberado de sacrificio. La respuesta pertenece al dominio de la mística, no al de la política.

155

155. Por donde se le vea, chacal.

156

156. "¿Tendrán la insensatez de matarnos?"
157. Obra magna.

M. MARQUEZ STERLING

LOS ULTIMOS DIAS

DEL

PRESIDENTE MADERO

[Mi gestión diplomática en México]

EDITORIAL PORRUA, S. A.
AV. REPUBLICA ARGENTINA, 15
MEXICO, 1958

157

Huerta y Blanquet cierran el cerco de la traición. El segundo —cuyos antecedentes turbios tampoco desconocía Madero— lo hace prisionero el día 18, luego de una balacera sangrienta en Palacio Nacional. Madero lo abofetea e increpa: "Es usted un traidor." Blanquet contesta: "Sí, soy un traidor." Mientras tanto, Huerta ha invitado a Gustavo Madero a comer en el restaurante Gambrinus, donde con una treta lo desarma y apresa. Al poco tiempo Gustavo —a quien por tener un ojo de vidrio apodaban *Ojo Parado*— y el intendente de Palacio, Adolfo Bassó, son conducidos al calvario de la Ciudadela. El ministro cubano Manuel Márquez Sterling, a quien México debe no sólo la protección de Madero sino un libro conmovedor (*Los últimos días del presidente Madero*), relata la escena:

Gustavo y el intendente Bassó, en un automóvil del Ministerio de la Guerra, van a la Ciudadela, postas de carne a la jauría. Burlas, injurias, rugidos, anuncian la llegada. Un individuo llamado Cecilio Ocón es el juez que interroga a los reos. Gustavo rechaza las imputaciones que le hacen sus enemigos e invoca sus fueros de diputado. Pero, Ocón, después de condenarlo, con Bassó, al cadalso, abofetea brutalmente a Gustavo: "Así respetamos nosotros tu fuero…", le dijo. Intervino Félix Díaz y fueron llevados los presos a otro departamento de la Ciudadela. Pero la soldadesca, envalentonada, los persiguió en comparsa frenética y rugiente. Unos befan a Gustavo, otros descargan sobre el indefenso político sus puños de acero y lo exasperan y lo provocan. Gustavo intenta castigar a quien más lo humilla. Y un desertor del batallón 29, Mel-

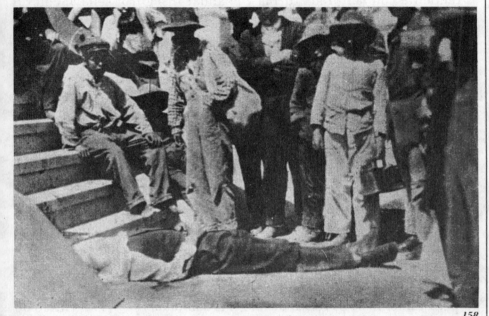

158

158-160. Gustavo Madero, su cuerpo, su sepelio, su imagen.

159

160

garejo... pincha, con la espada, el único ojo hábil de Gustavo, produciéndole en el acto la ceguera. La soldadesca prorrumpió en salvaje risotada. El infame espectáculo resultábale divertido. Gustavo, con el rostro bañado en sangre, anda a tientas, tropieza y vacila; y el feroz auditorio le acompaña a carcajadas. Ocón dispone entonces el cuadro que ha de fusilarlo. Gustavo, concentrando todas sus energías, aparta al victimario que pretende encarnecerlo. Ocón, rabioso, lo sujeta por la solapa de la levita; pero es más fuerte su adversario; y pone fin, al pugilato, la pistola. Más de veinte bocas de fusil descargaron sobre el mártir agonizante que, en tierra, sacudía el postrer suspiro. "No es el último patriota: —exclama Bassó—. Aún quedan muchos valientes a nuestras espaldas que sabrán castigar estas infamias." Ocón se vuelve al intendente con la mirada turbia y el andar inseguro; señala, con un dedo, y dice: "Ahora, a ése."

El viejo marino, recto el talle, se encamina al lugar de la ejecución. Uno de los verdugos pretende vendarlo. ¿Para qué? "Deseo ver el cielo —dijo con voz entera; y alzando el rostro al espacio infinito, agregó—: No encuentro la Osa Mayor... ¡Ah sí! ahí está resplandeciente..." y luego, despidiéndose: "Tengo sesentaidós años de edad. Conste que muero a la manera de un hombre." Desabotonó el sobretodo para descubrir el pecho y ordenó: "¡Hagan fuego!" como si quisiera alcanzar a Gustavo en los umbrales de otra vida, más allá de la Osa Mayor...

Con el Presidente y el Vicepresidente en la cárcel, Lane Wilson no pierde tiempo y concierta el Pacto de la Embajada entre Huerta y Díaz, mediante el cual ambos serían presidentes sucesivos. Según palabras del diplomático alemán, "el embajador Wilson elaboró el golpe. Él mismo se pavonea de ello". A sabiendas ya del sacrificio de Gustavo, el secretario de Relaciones, Pedro Lascuráin, se acomide a lograr la dimisión de Madero y Pino Suárez. Creyendo que con aceptarla detendría el baño de sangre y salvaría de todo riesgo a su familia, Madero mismo redacta serenamente su renuncia. Fue su primera y última flaqueza de hombre, no de apóstol. A Márquez Sterling le hizo entonces unas confidencias humildes y autolesivas:

Un Presidente electo por cinco años, derrocado a los quince meses, sólo debe quejarse de sí mismo (...) la historia, si es justa, lo dirá: no supo sostenerse (...) Ministro (...) si vuelvo a gobernar me rodearé de hombres resueltos que no sean *medias tintas* (...) he cometido grandes errores (...) pero ya es tarde (...).

Al poco tiempo, Lascuráin sería Presidente por 45 minutos y renunciaría a favor de Huerta, quien así creía guardar las formas constitucionales. Entre tanto, desde la oscura intendencia de Palacio, Pino Suárez escribe a su amigo Serapio Rendón:

161. Pedro Lascuráin, el presidente más efímero de la historia mexicana.

Como tú sabes hemos sido obligados a renunciar a nuestros respectivos cargos, pero no por eso están a salvo nuestras vidas. En fin, Dios dirá.

Me resisto a creer que nos inflijan daño alguno después de las humillaciones de que hemos sido víctimas. ¿Qué ganarían ellos con seguirnos afrentando?

Dícese que mañana se nos conducirá a la Penitenciaría (...) El Presidente no es tan optimista como lo soy yo (acerca de las perspectivas del traslado), pues anoche, al retirarnos, me dijo que nunca saldremos con vida de Palacio. Me guardo mis temores para no desalentarlo (...) Pero ¿tendrán la insensatez de matarnos? Tú sabes, Serapio, que nada ganarán, pues más grandes seríamos en la muerte que hoy lo somos en vida (...)

Quizá aunque hubiese querido, Pino Suárez no podía ya desalentarlo. "Huerta no cumplirá su palabra", advierte Madero a Márquez Sterling: el tren que debería llevarlo a Veracruz, donde lo esperaba un crucero para asilarlo en Cuba, "no saldrá —admitía— a ninguna hora". Y no obstante los ruegos de la señora de Madero, Lane Wilson no mueve un dedo para salvarlo. El 19 de febrero el embajador escribe a Washington: "El general Huerta me pidió consejo acerca de si sería mejor mandar al ex presidente fuera del país o colocarlo

162. Huerta no cumpliría su palabra.
163. Grupo de intelectuales acude a felicitar a Félix Díaz y a Manuel Mondragón.

162

en un manicomio. Le repliqué que debía hacer lo que fuera mejor para la paz del país."

Entreviendo la posibilidad de su sacrificio, aunque ignorante aún del de su hermano Gustavo, Madero encuentra ánimos para bromear con el ministro Márquez Sterling la noche del 21 de febrero en que éste lo acompañó en su cautiverio. El embajador lo vio dormir "un sueño dulce" que no perturbó siquiera la confirmación, a las cinco y media de la mañana, de que "lo del tren era —en palabras textuales de Madero— una ilusión".

Y continuó —escribe Márquez Sterling— su sueño dulce y tranquilo (...) La esperanza, nunca marchita en su ineptitud para el mal, había perdido un pétalo entre millares de hojas que al riego de su apostolado retoñaban (...) Desde luego no concebía que tuviese Huerta deseos de matarle; ni aceptaba la sospecha de que Félix permitiese el sacrificio de su vida siéndole deudor de la suya. Pero a ratos la idea del prolongado cautiverio le inquieta; y sonríe compadecido de sí mismo.

Basado en el testimonio de Felipe Ángeles, que convivió con Madero y Pino Suárez en la Intendencia de Palacio, desde la que salieron la noche siguiente para ser asesinados, Manuel Márquez Sterling describió la hora final:

(...) Aquella tarde, la del crimen, había instalado el Gobierno, en la prisión, tres catres de campaña, con sus colchones, prenda engañosa de larga permanencia en el lugar. Sabía ya Madero el martirio de Gustavo, y, en silencio, domaba su dolor. Sobre las diez de la noche, se acostaron los prisioneros: a la izquierda del centinela, el catre de Ángeles; el de Pino Suárez al frente; a la derecha, el de Madero.

TEATRO ZARAGOZA

5ª de Sta María la Redonda.

¡GRAN EXITO!

3º Dia de EXHIBICION

de la Sensacional Película

La Decena Trágica

en México.

las demás hasta hoy EXHIBIDAS. REVOLUCION · Felicista

¡La Película más llena de detalles!

DOMINGO - 2

de Marzo de 1913, ——— Comenzando á las 6 p. m

La prisión de Santiago, donde estuvo preso el Gral. Reyes hasta la Mañana del 9 de Febrero.

165

Don Pancho, envuelto en su frazada —refiere Ángeles—, ocultó la cabeza. Apagáronse las luces. Y yo creo que lloraba por Gustavo.

A los pocos minutos, un oficial llamado Chicarro penetró con el mayor Francisco Cárdenas y ordenó a Madero y Pino Suárez que los

164. Ropa ensangrentada de Madero.
165. En París, el tío se avergonzaba del sobrino.

166. El mayor Cárdenas, asesino de Madero.
167-168. El sitio del martirio.
169. Dolor.

acompañaran a la Penitenciaría. Con huella de lágrimas en el rostro, "don Pancho" abrazó al fiel Ángeles y subió al auto que lo llevaría a la muerte.

El encargado británico del *Foreign Office* envió meses después a su gobierno la investigación detallada de los asesinatos:

A las cinco de la tarde de ese día, cierto ciudadano británico que se dedica al arriendo de automóviles recibió un mensaje telefónico de parte de un conocido y muy acaudalado terrateniente mexicano llamado Ignacio de la Torre, que es yerno del general Porfirio Díaz. El mensaje decía que enviara cuanto antes un carro grande a su casa. La orden fue cumplida, siendo el carro conducido por un chofer mexicano. Tras una larga espera, se le indicó que se dirigiera al Palacio Nacional, y a las 11 p.m. Madero y Pino Suárez fueron sacados y subidos al automóvil, que fue escoltado por otro vehículo en el cual iba una guardia de rurales bajo el mando de un tal mayor Cárdenas. Durante meses este oficial había estado a cargo de los hombres destacados para proteger la hacienda del señor Ignacio de la Torre, en las cercanías de Toluca. Entiendo que sentía un cálido afecto personal y mucha admiración por el general Porfirio Díaz y que había jurado vengar su derrocamiento.

Los automóviles avanzaron por un camino tortuoso en la dirección de la Penitenciaría, pero pasaron de largo la entrada principal y continuaron hasta el extremo más apartado del edificio, donde se les ordenó detenerse. Comenzaron entonces algunos disparos que pasaban por el techo del automóvil; y el mayor Cárdenas hizo que sus dos detenidos descendieran de su vehículo. Mientras bajaba Madero, Cárdenas le puso su revólver a un lado del cuello y lo mató de un balazo. Pino Suárez fue conducido hasta el muro de la Penitenciaría y fusilado ahí. No hubo intentos de escapar por parte de ellos, y parece bastante seguro que no se produjo ningún intento real de rescatarlos.

Una leyenda no confirmada asegura que al salir de la Intendencia, Madero llevaba consigo sus *Comentarios al Baghavad Gita*. ¿Qué pensaría en sus últimos momentos? ¿Hallaría consuelo en la mística del desprendimiento que Krishna predicaba a Arjuna? ¿O su última estación le parecía incomprensible? Era, en cualquier caso, como el calvario de un niño.

A raíz del horrible crimen, el tigre que tanto temió Porfirio Díaz despertó con una violencia sólo equiparable a la de la Guerra de Independencia. Los viejos agravios sociales y económicos del pueblo mexicano impulsaron, sin duda, la lucha; pero en aquella larga, dolorosa y reveladora guerra civil, además de la venganza había tam-

170

171

170. Doña Sara seguiría haciendo bien por varios lustros.
171. Márquez Sterling, el gran cubano.

bién un elemento de culpa nacional, de culpa histórica por no haber evitado el sacrificio de Madero.

No era la primera vez en la historia que una sociedad crecía y maduraba llevando sobre sus espaldas la muerte de un justo. (Antonio Caso, que cargó su féretro, lo llamó, por primera vez, San Francisco Madero.) Pero quedaba —y queda aún— la duda: con toda su magnanimidad, ¿estuvo Madero a la altura de los Evangelios que tanto admiraba, que tanto buscaba emular? El propio Evangelio da dos respuestas. Una está en San Mateo (10,16): "Mirad que yo os envío como ovejas en medio de lobos. Sed, pues, astutos como las serpientes, e inofensivos como las palomas."

La otra está en San Marcos (8,34): "Si alguno quiere venir tras de mí, niéguese a sí mismo, lleve a cuestas su cruz y sígame." Y, sorprendentemente, en el propio San Mateo (10,38): "El que no coge su cruz y sigue detrás de mí, no es digno de mí."

¿Cuál, en el caso de Madero, es la correcta? ¿La primera, que lo demerita, o la segunda que lo exalta? Cada lector tirará —o no— la primera piedra. Pero una cosa es cierta: muchas de las llagas políticas y morales que Madero señaló en aquel fogoso libro se han perpetuado. Vale la pena vernos ahora mismo en ellas y recordar que la medicina democrática de aquel sonriente apóstol no tiene —ni tendrá— fecha de caducidad.

172. El tigre despertó con más fuerza.
173. No tiene ni tendrá fecha de caducidad.

Créditos fotográficos

1. Hemeroteca Nacional.
2-3. The Library of Congress.
4. Hemeroteca Nacional.
5. The Library of Congress.
6-8. Hemeroteca Nacional.
9. Centro de Estudios de Historia de México Condumex.
10-14. Biblioteca Nacional.
15. The Library of Congress.
16. Hemeroteca Nacional.
17. Biblioteca Nacional.
18-19. Hemeroteca Nacional.
20-23. Patrimonio Universitario. UNAM.
24. Centro de Estudios de Historia de México Condumex.
25. Biblioteca Nacional.
26-29. Hemeroteca Nacional.
30. Biblioteca Nacional.
31. Centro de Estudios sobre la Universidad. Archivo Magaña. Calixto Contreras, general villista, conversa con Paulino Martínez y con Manuel Robles en Cuernavaca en noviembre de 1914.
32. The Library of Congress.
33. Hemeroteca Nacional.
34. Patrimonio Universitario. UNAM.
35. Hemeroteca Nacional.
36-38. Biblioteca Nacional.
39-42. Hemeroteca Nacional.
43. Centro de Estudios de Historia de México Condumex.

44-45. Hemeroteca Nacional.
46-47. Centro de Estudios de Historia de México Condumex.
48. Biblioteca Nacional.
49-51. Hemeroteca Nacional.
52. The Library of Congress.
53-54. Hemeroteca Nacional.
55. Patrimonio Universitario. UNAM.
56. Hemeroteca Nacional.
57. Patrimonio Universitario. UNAM.
58. Hemeroteca Nacional.
59. Centro de Estudios de Historia de México Condumex.
60. Hemeroteca Nacional.
61. Anita Brenner, *The Wind that Swept México.* (Hay edición española. FCE, México, 1986). Francisco Madero, padre, con sus hijos Gustavo, Gabriel y Evaristo.
62-64. Hemeroteca Nacional.
65. Archivo General de la Nación.
66-67. Hemeroteca Nacional.
68. The Library of Congress.
69-70. Hemeroteca Nacional.
71. Universidad Iberoamericana. Archivo Porfirio Díaz.
72. Hemeroteca Nacional.
73. The Library of Congress.
74-75. Hemeroteca Nacional.
76. Biblioteca Nacional.
77. Hemeroteca Nacional.
78. Biblioteca Nacional.
79-80. Centro de Estudios de Historia de México Condumex.
81-82. Hemeroteca Nacional.
83. The Library of Congress.
84. Hemeroteca Nacional.
85-86. The Library of Congress. José María Pino Suárez, Francisco Vázquez Gómez, Francisco Madero, padre, y Francisco Carbajal.
87. Hemeroteca Nacional.
88. Hemeroteca Nacional. Valentina Ramírez de las fuerzas de Ramón F. Iturbe, revolucionario de Sinaloa.

89-92. Hemeroteca Nacional.
93. Centro de Estudios de Historia de México Condumex.
94-95. Hemeroteca Nacional.
96. Biblioteca Nacional.
97. Hemeroteca Nacional.
98. Centro de Estudios de Historia de México Condumex.
99. Anita Brenner, *The Wind that Swept México.*
100. Patrimonio Universitario. UNAM.
101. Hemeroteca Nacional.
102. Archivo General de la Nación.
103. Centro de Estudios sobre la Universidad. Archivo Magaña.
104. Hemeroteca Nacional.
105. Centro de Estudios sobre la Universidad. Archivo Magaña.
106. Archivo del señor Edmundo Gabilondo.
107-119. Hemeroteca Nacional.
120. Biblioteca Nacional.
121-124. Hemeroteca Nacional.
125. Centro de Estudios de Historia de México Condumex.
126. Hemeroteca Nacional.
127. Archivo señor Edmundo Gabilondo.
128-134. Hemeroteca Nacional.
135. Centro de Estudios de Historia de México Condumex.
136-145. Hemeroteca Nacional.
146. Archivo General de la Nación.
147-151. Hemeroteca Nacional.
152. Anita Brenner, *The Wind that Swept México.*
153-156. Hemeroteca Nacional.
157. Biblioteca Nacional.
158-162. Hemeroteca Nacional.
163. Archivo General de la Nación. Al fondo, Emilio Rabasa, Félix Díaz y Manuel Mondragón.
164-169. Hemeroteca Nacional.
170. The Library of Congress.
171-173. Hemeroteca Nacional.

Bibliografía

Aguilar Belden de Garza, Sara, *Una ciudad y dos familias*, Jus, México, 1970

Anónimo, "Biografía de Francisco I. Madero" en *El Nacional*, 20 de noviembre de 1932.

Anónimo, "Un apóstol", en *El Nacional*, 23 de noviembre de 1930.

Archivo del Centro de Estudios de Historia de México Condumex Fondo DLI, "Manuscritos de Bernardo Reyes", carpeta 40, legajo 7942. Correspondencia Madero-León de la Barra. Recopilación de Josefina Moguel.

——, Fondo VIII-2 "Manuscritos de Genaro Amezcua". Correspondencia Madero-León de la Barra. Recopilación de Josefina Moguel.

——, Fondo LXIV-3, "Manuscritos de Francisco I. Madero", carpeta 1, legajos 20, 23, 24, 36, 42, 44, 45, 46, 63, 69, 70, 73 y 79; carpeta 2, legajos 84, 95, 113, 117, 120, 122, 123, 126, 127, 131 y 132. Recopilación de Josefina Moguel.

——, Fondo X-1, "Manuscritos de Francisco I. Madero-León de la Barra", carpetas 2 y 3. Correspondencia Francisco I. Madero-León de la Barra. Recopilación de Josefina Moguel.

Azuela, Mariano, "Madero", en *Obras completas*. Fondo de Cultura Económica, México 1960.

Beesley, William H., "Francisco I. Madero", en *Essays on the Mexican Revolution, Revisionist Views of the Leaders*, University of Texas Press.

Bonilla Jr., Manuel, *El régimen maderista*, Biblioteca de Historia Mexicana, Editorial Arana, México, 1962.

Bulnes, Francisco, "Los tremendos idealistas trágicos: Francisco I. Madero", en *Los grandes problemas de México*, Editora Nacional, 1970.

Cockroft, James D., *Precursores intelectuales de la Revolución Mexicana*, Siglo XXI Editores, México, 1971.

Cosío Villegas, Daniel, "Del Porfiriato a la Revolución", en Enrique Krauze, *Daniel Cosío Villegas el historiador liberal*, Fondo de Cultura Económica, 1984.

——, *Historia moderna de México. El Porfiriato, vida política interior*, segunda parte, Editorial Hermes, 1971.

Cumberland, Charles C., *Madero y la Revolución Mexicana*, Siglo XXI Editores, México, 1981.

De Maria y Campos, Armando, "Experiencias espiritistas", en *ABC*, 28 de febrero de 1953.

——, "Las memorias de Francisco I. Madero", en *ABC*, 31 de enero de 1950

Ferrer de Mendiolea, Gabriel, *Vida de Francisco I. Madero*, Secretaría de Educación Pública, México, 1945.

Guía del archivo del general Bernardo Reyes, 2, Condumex, 1984.

González Garza, Federico, *La Revolución Mexicana. Mi contribución político-literaria*, México, 1936.

Harrison, John P., "Henry Lane Wilson, el trágico de la Decena", en *Historia Mexicana* núm. 23, 1957.

Hart, John M., *El anarquismo y la clase obrera mexicana. 1860-1931*, Siglo XXI Editores, 1980.

Historia de las religiones, Las religiones constituidas en Occidente y sus contracorrientes II, volumen 8, Siglo XXI Editores, 1981.

Katz, Friedrich, *The Secret War in Mexico*, The University of Chicago Press, 1981.

López Velarde, Ramón. *Obras*, Biblioteca Americana, Fondo de Cultura Económica, 1971.

MacGregor, Josefina. *La XXI Legislatura*, Instituto de Investigaciones Legislativas.

Madero, Carlos B., *Relación de la familia Madero*, Parras, Coah., 1973.

Madero, Francisco I., *Epistolario*, Secretaría de Hacienda y Crédito Público.

——, Ponencia presentada en el Congreso Espírita, en *El Universal*, 3 de julio de 1950.

——, *La sucesión presidencial de 1910*, tercera edición, México, 1911.

Márquez Sterling, Manuel, *Los últimos días del presidente Madero*, Imprenta Siglo XXI, La Habana, 1917.

Muller de Trillas, Alicia, "Cómo vi a don Francisco I. Madero", en *El Nacional*, 19 de noviembre de 1954.

O'Shaughnessy, Edith, *Huerta y la Revolución*, Editorial Diógenes, 1971.

Portilla, Santiago, tesis de doctorado, El Colegio de México.

Ross, Stanley R., *Madero*, Grijalbo, 1959.

Rosales, José Natividad, *Madero y el espiritismo*, Editorial Posada, 1973.

Rosales, Hernán, "Fragmentos de la vida íntima de Madero", en *El Globo*, 1 de marzo de 1925.

The Bhagavad-Gita, traducción directa del sánscrito, introducción de Juan Mascaró, Penguin Books, 1962.

Urquizo, Francisco, *Viva Madero*, Editorial Marte, 1954.

Valadés, José C., *Historia general de la Revolución Mexicana*, Manuel Quesada Brandi Editor, 1963.

Vasconcelos, José, *Breve historia de México*, Compañía Editorial Continental, 1971.

——, *Don Evaristo Madero (biografía de un patricio)*, Impresiones Modernas, México, 1958.

——, *Memorias, I: Ulises Criollo y La Tormenta*, Fondo de Cultura Económica, 1982.

Vázquez Gómez, Francisco, *Memorias políticas*, Imprenta Mundial, 1933.

Vera Estañol, Jorge, *La Revolución Mexicana, orígenes y resultados*, Editorial Porrúa, México, 1957.

Villarello Vélez, Ildefonso, *Historia de la Revolución Mexicana en Coahuila*, Biblioteca del Instituto Nacional de Estudios Históricos de la Revolución Mexicana, México, 1970.

Nota: El cuaderno manuscrito de Madero con sus comunicaciones espiritistas entre 1907 y 1908 y un legajo de comunicaciones espiritistas anteriores (1901-1907) en hojas sueltas fue proporcionado por la señora Renée González.

Índice

Este libro se terminó de imprimir y encuadernar en el mes de junio de 1992 en los talleres de Encuadernación Progreso, S. A. de C. V., Calz. de San Lorenzo, 202, 09830 México, D. F. Se tiraron 20 000 ejemplares.